Bei uns em Veedel
Marita Dohmen

Bei uns em Veedel

Marita Dohmen

REGIONALIA
VERLAG

Marita Dohmen: Bei uns em Veedel

Layout und Satz: Manuela Wirtz, www.manuwirtz.de
Einbandgestaltung und Titelfoto: muellertext, Köln
Foto Rückseite: Fotostudio Armin Zedler, Köln

Printed in Poland
ISBN 978-3-95540-240-2

www.regionalia-verlag.de

Inhalt

Vorwort

Leev Lückcher

„Bei uns em Veedel" hann ich dat Boch jedäuf, weil all die Verzällcher, die ehr he lese künnt, en unsem Veedel, nem typisch kölsche Veedel spille. Se beschrieven der Alldaach bei all unse Nohbere. Die ein odder andere Stroß kennt mer villeich, ehr wort villeich och allt ens em „Hubääts Eck" jet drinke, ävver janz secher kennt mer die Lück us dem Veedel odder zemindes su en Lück! Se wonnen en bal jedem kölsche Veedel. Ess nit der eije Nohber dä met dä rüh Maneere? Hät nit die ahl Seiverschnüss vun nevvenaan letz noch verzallt, dat...? Wonne nit en der Nohberschaff die Schmitze odder wie se söns noch heiße, die sich su jot verstonn? Jedenfalls mihtstens. Un wat ess met dä Fraulück, die sich vun Hätze zänke un widder verdrage künne? Ehr kennt se all! Odder sidd ehr et selvs? Sidd ehr die Famillich, die de Feste fee't wie se falle?

Och wann jede Fijor, die he spillt, minger Fantasie ze verdanke ess, ka'mer se all erkenne. Mihtstens ungerhalden sich de Lück em Veedel selvs, dat ein odder andere Mol sin die Verzällcher en Ich-Form. Trotzdäm mööch ich üch bedde, meer je noh Thema nit ze jrateleere odder ze kondoleere. Et ess alles zesammejesponne. Ich spenne evvens jän. E Luuschhöönche ben ich ävver och. Ich ben stekum en de Famillije dobei un luustere. Su kütt et, dat ich üch en dä einzele Verzällcher su jenau useneinpusementeere kann, wä, wann, wo, woröm un met wäm worüvver de Schnüss jeschwadt hät. Et sin Verzällcher för ze jriemele un ze laache, ävver och för ze kriesche.

Wä ming fröhere Böcher „Familijeklaaf" (1996), Nohberschaffsklaaf (2002), Mondjecke un ander Minsche (2005), Veedelsklaaf (2011) un die „Kölsch Verzällcher", die rejelmößich en der „Kölnischen Rundschau" eruskumme, jelesen hät, dä weed he ahl Bekannte widderfinge, jenau wie dä, dä mi Hörboch „Schmitze Klaaf" kennt.

Wie ehr flöck merke wäd, ben ich ene Fründ vum echte Kölsch. D. h., ich üvversetze nit vum Huhdeutsche en et Kölsche, ich schrieve die kölsch-eije Formulierunge su jot wie die urkölsche Usdröck. Dat weed dem ein odder andere Leser villeich jet fremp sin. Däm sagen ich: Doot üch enlese! Ehr weed en kölsche Sproch kenneliere, die op der Zung zerjeit.

För die, die sich mem Kölsch-Lese jet schwer dunn hann ich en Schriev-wies jewählt, die et müjjelich määt, die Texte laut metzespreche, dann hööt mer, wat jemeint ess. Usserdäm kann ich jedem, ejal ov Alt- odder Neukölsche bloß rode: Doot ens em letzte Kapitel „Selde Wööt müngchesmoß jemaat" krose. Ehr föhlt üch en de Puutezick zeröckversatz un hööt ör Mamm un de Oma metenein verzälle.

Un no wünschen ich üch vill Verjnöje!

Ör Marita Dohmen

Et hät all sing Zick

Et Schmitze Lisbett wor en der Köch zejang. Et Chressfess wor vörbei, se wore jot en et neue Johr jekumme, un no hatt der Alldaach se widder. Em Wonnzemmer hoot et singe Schäng hanteere, daach sich ävver do wigger nix bei.

„Su!", saat der Schäng met enem zefredde Jriemele em Jeseech, wie hä bei it en de Köch kom. „Dat wor et widder! Ich hann der Baum allt ens avjemaat, de Kugele widder fing enzorteet un en der Keller jebraat. Un de Reste vun de Wahßkääze hann ich en et Wonnzemmerschoss jelaat. Die künne mer jo aan de nöhkste Ovende noch avbrenne." Stolz op sich un si Werk leet der Schäng sich op ene Köchestohl falle un wadten op e Lovv vun singem Lisbett.

Dat lo'ten ävver jet kumfus us der Wäsch. „Wat häs do? Der Baum avjemaat? Ohne mich ze froge? Jo, bess do dann doll? Einen Daach noh Neujohr määs do der Baum allt av! Mer hann doch noch nit ens Dreikünninge! Jot, för dä Baum ha'mer zwor dis Johr bloß zehn Euro bezahlt, ävver deswäje muss do in jo nit noh jot einer Woch allt widder fottschmieße!"

Et Lisbett hollten ens deef Luff un schant wigger: „Ich hann mich jo met de Johre draan jewennt, dat do en der Silvesternaach, pünklich öm zwölf Ohr, de ehschte Kugele vum Baum avnimms un do e paar vun dinge Fastelovends-orde för dren hängs. Häs de die dann jetz winnichstens och fottjerühmp?"

„Jajo dat!", saat der Schäng enjeschnapp. „Die wore jo der Jrund doför, dat ich der Baum avjemaat hann. Do wolls dis Johr noch ens, wie fröher, en eifache Fichte als Chressbaum hann. Dat hatte mer no dovun! Die Äss vun der Fichte woren ävver ze schwaach för de Orde."

Et Lisbett schlohch de Häng üvverm Kopp zesamme. „Do leever Jott noch!“ Et verdriehte de Auge. „De Orde wore wichtijer wie der Baum! Do bess doch ene Flabbes. Wo häs de die dann no hinzorteet?“

Der Schäng stundt op un nohm si Fräuche en der Ärm. „No loor mich doch nit esu jeftich aan, Leevje! Et hät doch all sing Zick. De Adventszick ha'mer doch och jenötz, för uns op de Chressdäch vörzebereide. Un? Wor et nit en schön Zick met vill Vörfreud? Un die Däch selver? Wor et nit schön, noch ens met der janze Famillich zesamme der hellije Ovend ze feere un die zwei Daach donoh bloß meer zwei?, janz allein?“ Hä maat lus Äujelcher. Schleeßlich woss hä jo, dat'e si Altarjeschenk do immer met enweckele kunnt. „Bess ens ihrlich! Wor et nit schön?“

„Endoch, dat wor et“, jov et Lisbett zo un schmeechte sich aan singe Joldfasan.

„Sühs de“, saat dä, „su ess dat och met der Fastelovendszick. De Vörfreud ess de schönste Freud. Un die Orde, die hann ich akkerat aan de Belderrahme, de Lampe un aan de Jadingestange opjehange. Jetz muss ich bloß noch de Luffschlange dröm eröm weckele, dann kann der Fastelovend kumme. Et hät evvens all sing Zick!“

„Jo, do häs jo rääch, do Fastelovendsjeck. Ävver hoffentlich häs de och die avjefalle Nodele jründlich fottjemaat. Nit dat ich die widder beim Osterputz en de Sofaretze finge!

Wie de Hellije Drei Künninge noh Kölle kome

De ahl Frau Runge hatt ehr Enkelche do. Et Anja wor för si Levve jän bei der Oma, weil die immer su schön verzälle kunnt. Et leevs hoot et Anja die Verzällcher vun fröher. Hück hatt et allerdings jet anders om Hätze. „Oma, do weiß doch su vill ze verzälle. Weiß de dann och, wie de Hellije Drei Künninge noh Kölle jekumme sin? Dat ha'mer nämlich en der Schull jeleh't."

Die Runges nohm dat Klein en de Ärme un dröckten et janz fass aan sich. „Secher weiß ich dat, mi Buselche. Jede Kölsche weiß dat!" „Jo? Dann verzäll ens. Dann well ich ens sin, ov do och verhaftich alles weiß!"

Un de Oma fing aan ze verzälle: „Mer schreff et Johr 1164. En Kölle hatt der Rainald von Dassel als Ääzbischoff et Rejalt. Met singem Amp hatt'e et ävver nit esu. Hä dät leever delejeere. Hä hatt vill mih aan de Jäng met singem Job als Kanzler vum Kaiser Friedrich Barbarossa un jingk och leever met däm op Reis, för Kreech ze föhre.

Eines Dachs hatten se de Stadt Mailand belagert. Der Barbarossa woll der Bürjermeister gefange nemme un de Stadtbürjer ushungere. Wie die Minsche nit mih Pol halde kunnte wor de Äbtissin vum Kluster su ärch en de Bräng, dat se bei der Rainald kom un saat, dat hä der jrößte Schatz hann künnt, dä se hädden: De Knoche vun de Hellije Drei Künninge en ener unschingbare Kess. Doför mööt hä der Kaiser dozo bränge, winnichstens de Fraue us der Stadt eruszeloße. Se däten och bloß esu vill metnemme, wie se selvs drage künnte.

Der Rainald, dat jeräuchte Pööschje, versproch no dem Kaiser, dat die Stadt am nöhksten Daach enjenomme wäde künnt, un dat hä doför der janze Besetz, all dat Jold un Jeschmeide kräch, wat et en der Stadt jov, wann hä de Fraulück erusleet, bloß met däm bepack, wat se püngele künnte. Hä selvs, der Rainald von Dassel, wöll bloß die unschingbare Kess hann, die em Jlocketurm vun der Kirch San Giorgio al Palazzo stündt. Op dä Handel leet der Kaiser sich en un versproch, et su ze maache. Im jing et jo zo allerehsch öm der Bürjermeister.

Der Barbarossa leet de Pooze opmache un erus kome sämplije Fraulück. All hatten se dat jepack, wat inne am leevste wor. Zoletz kom de Äbtissin. Sei drohch om Rögge ehre Broder, un dä wor der Bürjermeister! Wie der Barbarssa dat sohch un metkräch, dat singe Kanzler sich bovvendren och noch de Hellije Drei Künninge an Land jetrocken hatt, hädden hä sich vör luuter Wot bal en de Fott jebesse. Ävver versproche wor versproche!

För die Knoche secher noh Kölle ze krijje, vör de Spetzbove un Hanake kunnt mer sich nit jenohch en Aach nemme, hät der Rainald sich en Less usjedaach. Hä dät dat Jeröch usstreue loße, dat en der Kess Zaldate löhche, die aan ener huh aanstechende Krankheit jestorve wöre, un hä hät x-mol singen Heimwääch verändert. Su kom et, dat‘e met singer Kreechsbeut schleeßlich em Juli 1164 en enem Triumpzoch durch et Dreikünningepöözje en Kölle entrecke kunnt. Un do hät der Ääzbischoff Rainald von Dassel der Jrundstein för der Tourismus en Kölle met jelaat."

„Wiesu dat dann?" woll et Anja janz erstaunt wesse.

„Weil no Piljer kome, Piljer üvver Piljer, för die Künninge aanzebedde", verklörten im de Oma. Et komen esu vill, dat der Karolingische Dom, dä immerhin och bal 100 Meter lang wor, vill ze klein woodt. En halv Johrhundert späder hann se dann dä Drei Hellije zo Ihr vun dem Lothringische Joldschmidd Nikolaus von Verdun dä Schrein us Jold un Edelstein baue loße, dä hück noch em Dom steit. Un no kome noch mih Piljer. Jetz wor der ahle Dom nit mih bloß ze klein, nä, jetz wor'e och ze schäbbich för dat Prunkstöck. Deswäje hann se sich entschlosse, ne neue Dom ze baue, su praachvoll un esu jroß, wie noch nie ei Minsch eine jesinn hatt, met zwei Türm, die bes en der Himmel eren recke däte un alles en allem üvver zehndausend Türm un Türmcher, wa'mer bloß die rechent, die hüher sin wie ne halve Meter. Ävver do wor der Rainald von Dassel allt lang dut."

„Boh", saat et Anja und schmeechte sich aan sing Oma, „do weiß jo mih wie minge Lehrer." Jetz maat et lus Äujelcher. „Ävver alles weiß de doch nit! Verbreef ess nämlich bloß, dat op der Kess us Mailand jet vun drei Magier, alsu Weise, stundt. Ov dat ävver jenau die wore, die aan der Kripp jebäät hann, weiß keiner. Dat jenau drei aan der Krepp jestande hann nimmp mer och bloß wäjen der drei Jeschenke Weihrauch, Myrrhe un Jold aan. Et steit och vun zwei bes vier un sujar vun zwölf jeschrevve.

Künninge woren et üvrijens kein un offiziell hellich jesproche woodten se och nie. Et woren alsu weder Drei, noch Hellije noch Künninge un en dem Dreikkünningsschrein em Kölner Dom lijjen se och nit. De Wessenschaffler hann nämlich eruskräje, dat do de Üvverreste vun enem zehn- bes zwölfjöhrije Jung, nem knapp dressich- un enem unjefähr fuffzichjöhrije Mann dren lijje. Sujar der fröhere Domprobs Henrichs hät jesaat, dat et im ejal wör, ov die Reliquie ech wöre odder nit. Wichtich wör doch bloß, dat de Minsche domols dovun üvverzeuch wore, dat se de Hellije Drei Künninge noh Kölle jehollt hann!"

„Mein Jott, Kind, do määs mich bang" jriemelten die ahl Runges no. Natörlich dät se im nit verrode, dat se dat och jehoot hatt. Se trok et widder aan sich. Jetz nohm se et nit bloß en de Ärm, nä, och op et Ärmche: „Wann do wigger su jot en der Schull oppass, dann bes de bal schlauer wie ich. Nit dat do eines Dachs noch selvs ene Weise wees!"

Winterblome

Der Schmitze Severin wor vum Enkaufe heim un en de Stuvv jekumme, un et Änni, wat sing Frau ess, hatt tireck met singem Kühm lossjelaat, ohne im och bloß eine einzje Bleck ze jünne. It lo'te am Finster erus un wor unzefredde.

„Nä, der Winter ess nit ming Johreszick!“, multen et. Et hatt dem Severin noch immer keine Bleck jeschenk. „Ich hann am Leevste et Fröhjohr, wann et su langksam en der Sommer üvverjeit. Dann ess et nit mih su kalt odder uselich wie en unsem Winter, ävver och noch nit su heiß un schwöl, wie de mihtste Sommer bei uns sin. Wann de Temperatore dann esu bei zweiunzwanzich Grad lijje, villeich och ens bei veerunzwanzich, dann föhlen ich mich richtich wohl; dann künnt ich de janze Welt ömärme.“

„Söns noch jet?“, frohchten der Severin si Änni un stallt widder ens fass, dat et Änni sich och met einem ungerhalde kunnt, ohne einer aanzelore. „Waat noch jet“, saat hä, „dann ha'mer dat och widder. Loor ens he, Änni! Bes et endlich esu wick ess, hann ich deer et Fröhjor allt ens metjebraat.“ Hä heelt dem Änni ene Struuß Tulpe hin.

„Schön sin die“, muulten et Änni wigger un hollten en Blomevas us dem Schaaf. Jetz lo'ten it si Joddesjeschenk endlich aan un braat sujar e Jriemele zestand. „Ävver richtije Winterblome däten mih en de Johreszick passe“.

„Do häs de Rääch!“, meinten drop der Severin. „Ävver Schneijlöcker halden sich jo em Zemmer nit. De ehschte hann ich üvvrijens allt jesinn. Bei unse Temperatore ess et jo och kei Wunder, wann mer immer mih Winterblömcher jetz allt vereinzelt süht, die eijentlich ehsch Engks Febbuwar kumme, wie för e Beispill der Winterling met singe jäl Blötcher.“

„Eja! Un om Kirchhoff hann ich letz och allt Vörfröhlings-Alpeveilcher en rut, rosa un lila jesinn.“ Et Änni maat immer noch e soor Jeseech.

Jetz laachten der Severin si Altarjeschenk aan un meinte: „Wat hälts de dann dovun, wa'mer uns för et nöhkste Johr en Chressrus en der Jade setze? Die blöht dann allt em Dezember un wann de zo Chressdaach ene Zwich dovun en de Vas stells, häs de do secher wochelang jet vun. Dann hätts de och ding richtije Winterblome em Zemmer!“

„Dat ess secher och schön!“, jetz schlech sich op eneus dem Änni e Jriemle öm der Mungk. „Ävver ming Lieblings-Winterblome, die kanns de mer nit flanze un och nit kaufe: Dat sin de Iesblömcher aan de Finstere. Schad, dat et die bloß jov, wie mer noch kein Dubbelfinster un kein Heizung hatte. Un wa'mer die aanhauche dät, dann fingen se aan ze kriesche. Ov die hück noch ene Puut kennt? No jo“, et Änni zorteeten sing Tulpe en der Vas, „ich söhch se noch ens jän. Ävver op ming Heizung dät ich trotzdäm nit jän verzichte!“

De Jääschtezupp vun der Oma

„Nä, wat för e Sauwedder", saat der Schmitze Schäng för si Lisbett, wie hä de Döör eren kom. „Jetz dät mer en heiße Zupp jot!"

„Die kanns de hann, Schäng, wat häls de dann vun ener Jääschtezupp?", frohchten et Lisbett. Et heelt enen Augenbleck enne, un e leis Laache kroff im öm der Mungk. „Bei Jääschtezupp falle mer immer de Winter bei minger Oma en. Jov et domols wirklich jedes Johr Schnei un Fross, odder sin dat bloß Erennerunge? Ich weiß et nit su jenau. Wann ich aan ming Oma denke weed et mer vun janz allein wärm. Jenau esu muggelich, wie et en ehrer Köch wor."

„Ich hann ding Oma jo noch kennejeleh't. Dat wor verhaftich en jot Frau. Trotz ehrem Rheuma dät se nie kühme un wor immer jot jesennt", worf der Schäng en. „Ija! Un ich kann mich noch jot aan ehre Köchehääd entsenne. Dat wor so e jroß viereckich Deil met enem Handlauf drömeröm. Dat woodt met Klütte jestoch. Frohch hück ens einer, wat Klütte sin. Die kennt kaum noch einer. Der Hääd hatt hingen en schön bemolte Wandplaat, aan de Sigge un vörre, wo jestoch woodt un et Äscheschoss wor, wat jede Morje usjeschott wäde moot, do strohlte wieße Emalje. Un hä hatt bovvendrop en Stohlplaat. Do wore Löcher dren, die met ungerschiedlich jroße Ring avjedeck wore. Je noh Jröß vum Pott kunnt mer die einzel avhevve.

Winterdachs wor dä Hääd der janzen Daach am brenne, weil mer sich bloß en der Köch opheelt. Wonnzemmer? Su jet Vörnehmes hatt ming Jroß nit. Bei minger Oma roch et immer e bessje noh Kolle un dem Meddel, met däm die Ovvensplaat nohm Meddaachesse jeschrubb woodt, bes se bletzte un blänkte. Mihtstendeils nohm se doför ‚Wiener Kalk'. Nevvenbei jesaat: Doherr kütt och die Bezeichnung ‚wienere', wa'mer jet bletzeblank putz.

Wann ich als Puut ens bei minger Jroß schlofe dorf, dann kunnt ich mer am anderen Daach immer wünsche, wat se koche sollt. Un dann heeß et off: Jääschtezupp! Bei der Oma heeß die ‚Rindfleischzupp met Jääsch un Äädäppel'. Un ich dorf beim Koche helfe. Zoehsch woodten Knoche met Jewööze opjesatz un öntlich usjekoch. Dat dorf ich maache. Späder laat de Oma et Fleisch en die Bröh un noch späder kome de Jääsch, de Äädäppel, die ich klein schnigge dorf, un vill Zuppejröns eren. Dobei wor ehr de dubbelte Pozijon Breitlauch besonders wichtich. Jetz nohm de Oma der Pott vum offe Fäör un leet die Zupp bloß noch leis köchele. Dann heeß et immer widder: röhre, avschmecke, röhre avschmecke un widder röhre un avschmecke. Zom Schluss jov se noch öntlich Beschot draan, un donoh woodt schnabuleet. Dat wor et Schönste beim Koche. Dat heiß, nit janz! Et Schönste wor, dat de Oma dobei immer vun fröher verzällen dät.

Op die Aat un Wies hann ich vill vum ahle Kölle, wie et noch nit vum Kreech kapott jeschlage woode wor, ze höre kräje, un och Saache, die en keinem Jeschichsboch stonn, wie för e Beispill, dat Fesch fröher en Ärmlücksesse wor un de Deenlück sich bei ehre Herrschafte beschwäät hann, wann se jeden Daach Lachs ze esse krächte.

Su janz nevvenbei hät de Oma mer och et Koche beijebraat un die Freud aan der kölsche Fooderkaat! Wann ich hückzedachs en Jääschtezupp koche, muss ich immer aan ming Jroß denke un maache dann mindestens de dubbelte Porzijon. Se liet sich nämlich wunderbar enfriere, un opjewärmp schmeck se noch ens esu jot.

„Wat meins de Schäng. Soll ich uns ein koche?"

Et Schlofproblem

Der Zimmermanns Päul wor zwor ehsch zick fünnef Minutte wach, jeföhlsmößich wälzten hä sich ävver allt mindestens en Stund em Bett hin un herr. No wor hä es satt! Hä wor et schleeßlich jewennt, dat et Mia im luuter sing Sorje avnohm. Hä schlohch esu hatt op der Schalter vum Naaksdeschlämpche, dat et Kommödche un och et Bett aan ze rappele finge.

Si Mia nevven im draump jrad vun enem meddelere Ädbevve un woodt stief verschreck wach. „Wat määs de för ene Radau?“, brummten et verschlofe en si Kesse, worf ene Bleck op de Ohr un drihten sich widder eröm. „Bes do eijentlich doll? Et sin doch ehsch fünnef Ohr.“

„Ich kann ävver nit mih schlofe! Do häs jo kein Probleme, ävver ich! Do häs et jot met dingem jesunde Schlof, määs eifach de Auge zo un schliefs!“, lamenteeten hä.

„Maach et Leech us un schlof!“, saat et Mia jetz allt jet unjehalde.

„Dät ich jo jän! Ich hann ävver e Schlofproblem“, knotterte si Altarjeschenk. Wiesu dät et Mia dann nix, för si Schlofproblem ze lüse? Noh ner koote Wiel jappten der Päul laut erus un kühmten; un hä kühmten un jappten dobei esu hätzlich, dat im bal sing Kennlad us de Angele jerode wör. „Nää, wat ben ich mööd. Ich ben esu mööd, ich künnt met Jappe Jeld verdeene!“

„Däts de dat doch“, schannt et Mia no wödich, „dann jöv et zemindes ene Jrund doför, dat de mich medden en der Naach em Schlof störs. Un jetz halt endlich ding Schlabberschnüss, söns kanns de av morje em Wonnzemmer schlofe. Dann hann ich winnichstens ming Rauh.“ Et Mia hatt sich en Raasch jeschwadt: „Ess et dann e Wunder, dat do naaks nit schlofe kanns?

Wat schliefs de dann och jede Meddaach zwei Stund? Un ovends vör der Flimmerkess penns de allt widder en. Ess doch klor, dat de dann naaks nit mih schlofe kanns. Dat wundert mich jar nit. Un no ess Feerovend!“

Su, daach et Mia, die Jadingeprädich dät der Famillijevörstand secher verstumme loße. Un et hatt rääch. Hä jrummelte bloß noch: „Ich hann evvens e Schlofproblem.“

Pech wor bloß, dat jetz et Mia hellwach wor un nit mih enschlofe kunnt. Alsu, daach et wigger, dann stonn mer evvens hück ens fröh op un maachen uns e lang Fröhstöck, met vill Zick för de Zeidung, dat ess doch och ens schön. Et drihten sich eröm, för dat singem Joldstöck vörzeschlage, do lohch singe Päul wie e satt Babaditzje om Rögge un wor sillich am schnorkse.

Un no wor et am Mia, sich em Bett eröm ze wälze!

O Jömmich, bloß nit alt ussinn

Ich weiß jo nit, wat su ene Durchschnettskölsche hückzedachs en der Fastelovendszick esu driev. Ich weiß ävver, dat ich persönlich allt ens jän op en Sitzung jonn, un ich weiß och, dat mer do hückzedachs widder mih jüngere Lück aantriff wie noch vör e paar Johr. Dat litt villeich dodraan, dat sich de Fastelovendsbövverschte, wat de Uswahl vun der Musick un der Schwaderei aanjeit, immer mih op et jüngere Volk enjestallt hann. Ne Krätzjessänger för e Beispill odder ne Büttenredner mööt mer hück met ener Lup söke.

Dat fingen ich jo eijenlich schad. Doför jitt et jetz bal bloß noch Jruppe, die vör allem eins sin: laut! Wenn et sich dobei öm su en Jrupp wie de Brings handelt, die wat der Radau aanjeit kaum ze üvverbeede sin, ävver met ehrer dolle Musick öntlich Schwung en de Bud bränge, dann loßen ich mer dat jo jrad noch jefalle, mänchmol ävver... . Nä! Eifach nä!

No woll ich jo och bei der letzte Fastelovendssitzung nit unbedingk bei et ahle Ieser zälle. Wie mer weiß, welle alle Lück lang levve, ävver keiner well alt wäde! Deswäje hatt ich mer vörjenomme, all dat wat kütt, metzemaache. Un deswäje ben ich allt beim ehschte Donnerschlaach vun su ner „Meer-mööchten-och-ens-jän-Jrupp" met dä ander Jäss opjestande. Vun wäje Sitzung, Stehung wör ne ihrlijere Name. Un wat hätt ich mich jän widder hinjesatz.

Ävver dat wor mer ze riskant. Ehschtens hätten de Lück mich jo för alt halde künne un zweitens wör ich dann unger nem Haufe vun Minsche bejrave jewäs. Se däten em Rhythmus met de Föß stampe, met de Elleboge wedele un laut la, la, la, uff, bom, bom jröle. Singe kunnt mer dat nit nenne. Üvverhaup kunnt mer nit metsinge, et jov nämlich kein Melodie un verstonn, wat der Vörsänger krakeelte, kunnt suwiesu keiner.

Wie et endlich vörbei ess un ich mich widder hinsetze kann, fängk op eimol mi Höhnerauch aan ze petsche. Dä, och dat noch! „Et jitt secher Rän", denken ich. Un dobei hatt ich mich för dä Ovend extra staats jemaat, un dat jalt natörlich och för de Schohn. Alsu hatt ich eng Schohn aanjetrocke! „Au wih, mi Höhnerauch petsch. Wat maachen ich jetz?", sagen ich för minge Nohber. „Dunn Tinte drop. Dann häs de e Krohleauch!", krijjen ich zor Antwoot. „Dä jecken Doll", denken ich un kumme widder aan et Üvverläje. „Au wih!" Su ärch, wie dat petsch, dunn ich dä eine Schohn am beste ungerm Desch us un luusche dem Redner. Luusche ess natörlich stark üvverdrevve. Ich muss fies oppasse, dat ich der „Blötschkopp" üvverhaup verstonn kann. Hä läuf wie en opjeräch Handohch op der Bühn hin un herr un määt mich janz nervös.

Natörlich heiß et noh singer Red widder opstonn. Ich angele ungerm Desch noh mingem Schohn, rötsche doför wick noh vörre un rötsche un rötsche un schwupp, setzen ich op minger Fott. Och dat noch! Flöck der Schohn aan der Foß, – autsch, dat Höhnerauch, – ävver bevör ich opstonn kann, setze sich op eimol zwei Käls, laut am singe un schunkele, nevve mich. Se hann secher jedaach, noh dem ville Stonn wör et der neuste Trend, ungerm Desch ze setze un do wigger ze feere. Dat wor mer ejal! Woröm weiß ich och nit jenau, ävver ich hoke mich bei inne en un singe un schunkele met inne.

Ich sagen doch: O Jömmisch, bloß nit alt ussinn!

Fastelovendsflüchlinge

Der Klinkhammers Wellem vun der Zülpicher Stroß, un sing Frau, et Christien, soßen allt en jehörije Zick aan ehrem avjejraste Fröhstöcksdesch. Se hatten sich su en de Zeidung vertief, dat se de Zick verjesse hatte. Wie der Wellem sohch, dat si Altarjeschenk met enem Bleck wie e jlaser Öhsje de Zeidung zwor noch vör der Nas hatt, ävver jradus lo'te, als dät et fünnef Kilometer weg en Himmelserscheinung erwade, uuzten hä: „Wat ess, Joldstöck? Les wigger! Dat Schwatze sin de Bochstave."

Et Christien reajeete nit op dä domme Wetz un saat för singe Wellem, „Weiß de wat? Mer maachen e paar Dach frei un fahre fott, för e Beispill en der Bösch för ze wandere. Wat hälts de von der Eifel?"

„Do doll Frauminsch", laachten der Wellem, „wie küss de dann dodrop? Un wiesu freimaache? Mer sin doch Rentner un künne immer fottfahre, wann et uns noh der Mötz ess!"

„Jot, dann ess et mer jetz noh der Mötz! Ich mööch dis Johr der Fastelovend ens met deer janz allein un janz anders feere. En der Zeidung hann ich jesinn, dat en der Eifel su en urije klein Hött, medden em Wald, bellich vermeet weed. Dat wör doch jet för uns, dat künnte mer uns doch jünne. Wie wör et? Meer zwei janz allein met der Nator?" No versohk et Christien der Wellem met singem Hobby ze üvverzeuje: „Secher kanns de do Rihe un Heeze fotojrafeere. Uußeredäm jitt et en dem Hüsje och e Radio, do krijje mer jenohch met vum Fastelovend."

Et Christien wor vun singer Idee bejeistert un molte dem Wellem die Däch en de schönste Färve us: „Do litt och Schnei, ess dat nit schön? Ze esse nemme mer jenohch met, dann bruche mer och nit dächlich ze koche un künne der janzen Daach der Wald jeneeße."

Jesaat, jedonn! Dat Hüüsje woodt jemeet! Se packten der Kofferraum voll Selvsversorjer-Krom för üvver die Fastelovdendsdäch ze kumme un maaten sich op der Wääch en de deef verschneite Eifel.

Dat urije Hüsje, wat bei nöherem Hinloore eijentlich bloß en Bredderbud wor, fungen se flöck, ävver dann kom allt der ehschte Schreck: Se mooten ehsch ens allerhands Holz för de nöhkste Däch hacke. Der zweite Schreck kom am anderen Daach. Jrad wollten se en der Bösch jonn för e paar Rihe un Heeze ze fotojrafeere, do kom inne vun fäns en Weldsau met der janze Famillich entjäje jerannt.

Em Stänekarjeer maaten der Wellem un et Christien kehrt. Se rannte wie vum Düvel jehetz – die Säu immer hinger inne herr – zeröck en et Hüsje un verbarrekadeete de Pooz. Jeschaff! Ävver wat jetz? En der Stuvv lohch nit jenohch Holz för ze stoche, un erus kunnten se nit, weil die Säu et sich öm et Huus eröm jemötlich jemaat hatte. Wie der Kanonovve schleeßlich usjingk un et em Zemmer biestich kalt woodt, troken se sich de deckste Klamotte aan, ehr Mäntel noch drüvver un laaten sich su en et Bett. Vör luuter Bibbere hatten se noch nit ens draan jedaach, et Radio aanzemaache för jet Fastelovendsmusick ze höre. Nä, su hatten se sich ehre Fastelovend em Schnei nit vörjestallt.

Wie et Christien am ander Morje iesverkahlt wach woodt, woren de Weldsäu fott, un der Wellem wor der Wage am packe, för heim ze fahre. „Do kanns mich ens jän hann", fing hä tireck aan ze schänge, wie hä sing Frau kumme sohch, „ich well mer he nit de Fott avfreere, un ich well och nit op minge Fastelovend verzichte. Nä, ich well em Momang noch nit ens Bäum un allt ens jar kein Rihe odder Heeze sinn. Blos jet op die schön Fotos! Ich well jeschminkte Jeseechter sin un Clowns, Clowns un noch ens Clowns, un ich well decke Trumme höre. Ich ben ene kölsche Jung, un ene Kölsche Jung jehööt op Fastelovend noh Kölle!"

„Frohch mich ens wat ich well", saat et Christien met enem jespillt jöözije Bleck.

„Wat dann?", frohchten der Wellem un nohm en Haltung aan, wie wann'e singem Leevje am Leevste en et Jeseech springen dät.

„Jo, wat dann wal, Wellem?“, laachten et Christien jetz laut erus. „Et selve wie do natörlich! Ich hätt och nit jedaach, dat ich der Fastelovend ens esu vermessen dät.“

Dann jingk et op Heim aan en ehr jot jestochte Stuvv. Un ovends jingken se, wie jedes Johr, Eck Sölzburjer en ehr lecker wärm Stammkneip, för met de ander Jäss ze singe un ze schunkele.

Ne fründlije Klaaf

Letzte Woch kunnt mer et Heukelhovens Ööschel widder ens op der Eck Jödel stonn sinn. Et wor mem Jebrassels Katring ze Jang. För ne fründlije Klaaf wor et immer ze hann. Et Jebrassels Katring, su huh wie breit, weil et jot ze Fooß unger der Nas wor, hatt singem Selverbleck ene verklörte Usdrock verlihnt un heelt der Kopp su kääzejrad, als hädden et Angs, singe Hellijesching dät verrötsche.

„Leev Katring", frochten et Ööschel schinghellich, „do bes jo janz dreckelich em Jeseech. Häsde dich hück nit jewäsche?"

„Enä", meinten die aanjesproche Nohbersch huhpöözich, „un dat dunn ich hück och nit mih. Wäm dat nit pass, dä muss jo nit hinloore."

Et Ööschel lo'ten et Katring jet pikeet aan. „Alsu meer persönlich ess dat jo ejal, ich meine jo bloß. Su dreckelich leef ich nit eröm. Sich eifach nit ze wäsche, dat ess doch Ferkeserei!" Et schöddelten der Kopp.

„Wat bess do doch för en domm Schruut!", laachte no et Katring vun bovven erav.

„Dat ess doch et Äschekrütz. Dat ess e Ritual. Immer am Äschermettwoch molt der Pastur dat de Jläubije op de Steen un erennert se draan, dat se vun Stöpp sin un widddder ze Stöpp wäde. Bess do der dann diese Morje dat Krütz nit holle jejange, do Heidekind? Dat maache minge Mann, der Huppet un ich ävver immer noch jedes Johr. Jottsedank si'mer fromm un tradizijonell un maachen et unse Ahne us dem Meddelalder noh. Bloß dat die sich domols de Äsch op ehr Häuv jestraut hann."

„Bah, wat för en Biesterei!" Et Ööschel schöddelten sich am janze Liev.

Et kräch sich bal nit mih en un satz ne huhpöözije Bleck op. „Wä weiß, wat do ze Äsch verbrannt wooden ess. Nä, dat mööch ich nit om Häuv hann un ehsch rääch nit em Jeseech.“

Dem Katring wor et Laache verjange bei suvill Unwessenheit. „Saach, bess do bloß ene Pappendeckelskattelik, dat do nit weiß, dat se die Äsch för et Äschekrütz us däm Palm maache, dä em Vörjohr aan Palmsonndaach jesänt wooden ess? Do solls dich jet schamme, do opjeblose Bienestech.

Dann weiß de jo secher och nit, dat et der Paps Urban II. wor, dä et op der Synode vun Benevent em Johr 1091 zor Flich jemaat hät, sich am Aanfang vun der Faastezick als Zeiche för de Buß un de Verjänglichkeit met Äsch bestreue ze loße. Un domet de dat och noch weiß, do Tronendeer, un deer e Bild maache kanns, wie lang dat allt herr ess: Dat wor die Zick, en där en Kölle der Ääzbischof Hermann III. vun Hochstaden, dä Riche, et Rejalt hatt. Dat wor dä, dä sich em ehschte Krützzoch för de Jüdde em Rheinland enjesatz hät, wann et och leider nit vill jenötz hät, un et wor die Zick, en dä der Heinrich V. zom Künning jekrönt hät. Dä, no weiß de dat och!“

Ensjeheim laachten et Katring sich en et Füüßje, weil et dat jrad diese Morje jelesen hatt. Söns hädden et dat nämlich och nit jewoss.

„Un do? Do opjerächte Meterfuffzich. Hät et deer villeich en et Jeheens jeränt, odder kanns do ahl Schrapnell dich do noch persönlich draan entsenne, do schäl Pann Ädäppele?“, jov et Ööschel beleidich zoröck, drihte sich om Avsatz eröm un leet dat verbaserte Katring stonn. Em Fottjonn daach et Ööschel, dat im persönlich dat jo ejal wör, ävver fromm un fing Lücks Aat wör et nit, wann die hellije Fott Angenies vun enem Jebrassels Katring su met Usdröck öm sich worf. Sing eije Usdröck komen im nit schlimm vör, dat wor jo sing normale Usdrockswies!

Dat heiß ävver nit, dat die Zwei nit e paar Dach späder widder jot fründ aan der nöhkste Eck beienein stundte un op eneus jenöchlich klaafe däte.

Faaste – odder am Hungerdohch nage

Der Mettwoch ess ene Daach, dä et en sich hät. Der Mettwoch ess der „Usjangsdaach". Dat kütt womüjjelich dovun, dat de Zick vun Sonndaach bes Sambsdaach esu lang ess. Mettwochs weed de Woch jedeilt, un dat muss irjendwie jefiert wäde. Immer mettwochs treffen sich de Stammdeschbröder, jedenfalls die us unser Nohberschaff. Se treffe sich zick Johre beim „Hubääts Eck", dem Webers Bäätes singer klein, jemötlije Eckkneip.

Dobei sin och der Severin un et „Jüngelein", dä singe Spetzname e Levve lang behalden hät, weil sing Mamm in fröher su reef. Am Stammdesch rejele de Kääls de jroße Politik, die jo ohne sei suwiesu nit leef, un do lüse se de Probleme vum FC-Kölle un ander Sportmannschaffte, – klor, dat jede einzele vun inne ne bessere Trainer ess wie dä, dä jrad dä Poste hät. Un weil se nit bloß sportlich un politisch intresseet sin, nä, och söns wie mer su säht „kölsch-katollisch" un „intellektuell" sin, wessen se selvsverständlich jot üvver de Bräuch un de Relijon Bescheid. Janz ejal, wat för e Probleme op et Tapet kumme, am flöckste sin se jelüs, wann et Kölsch düchtich läuf. Jo, do muss et doch fies opfalle, wann ens einer kei Kölsch drink, su wie hück der Schmitze Severin.

„Ess et allt widder esu wick? Bes de widder am faaste?", frohchten de Stammdeschbröder der Severin, wie dä sich et drette Wassser bestellen dät, derwiel sei sich ei Kölsch nohm andere der Stross erunder laufe leete. „Ich meine, do söhchs och allt janz usjemerjelt us", uuzten der Roggendorfs Henn un verdröckte jenösslich singe Kölsche Kaviar. „Dat mööt mer enfalle“, maat och et Jüngelein sing Sprijitzjer, „bloß weil de Kirch dat esu will, soll ich op mi Kölsch un mingen Halven Hahn verzichte? Nä, dat dunn ich nit ens, wann ich mingem leevste Kusäng Severin domet ene Jefalle dät. – Saach ens Severin, do wors doch fröher nit esu fromm. Häs de villeich jet usjefresse? Muss de böße?“ De Stammdeschbröder hatten ehr Freud draan, op dem Severin sing Koste ehr jecke Kalvereie ze drieve.

„Jo, jo, doot mich räuhich optrecke. Dat ess mer ejal. Ich hann jenoch Jründ för e bessje ze faaste, un met der Kirch odder met dem Kalender hät dat et winnichste ze dunn. Der Haupjrund ess, dat ich üvver die Fastelovendsdääch su mänch Jläsje zevill jeschlupp un vill ze fett jejessen hann. Wann ich demnöhks widder bei der Dokter jonn, will dä ming Levver pröfe, un doför muss ich jetz vörsorje. Der zweite Jrund ess, dat ich meine, et wör noch ens aan der Zick, för mich op mich selvs ze besenne, un dat jeit am beste, wa'mer sich mem Esse un Drinke jet am Reeme rieß. Der drette Jrund ess, dat ich ens sinn will, wie wick ich mich noch en der Jewalt hann un der veete ess, dat et meer och nit schade kann, wann ich e paar Pündcher avnemme. Dobei kütt mer de Faastezick jrad rääch, weil dat jo allt zick iwije Zigge die Däääch sin, aan denne mer met sich selvs en et Reine kumme sollt.“

„Jot, dat verstonn ich jo“, stechelten der Pötze Fuss, „ävver muss de deswäje dann tireck am Hungerdohch nage?“

„Dat dunn ich jo jar nit! Wann ich mer vörstelle, dat de Lück fröher en der Faastezick bloß Wasser un Mählbrei, späder dann Milch un Botter dobei un eesch zick dem 17. Johrhundert och Eier zo sich nemme dorfte, dann ben ich fruh, dat ich e paar hundert Jöhrcher späder jebore ben. Hückzedaachs meinen de Lück doch allt, se däte faaste, wann se ens einen Daach ohne Fleisch uskumme. Selvs am Friedaach weed kaum noch jefaas, odder – jetz leet der Severin singe Bleck üvver de Stammdeschrund sträufe, „odder praktizeet einer vun üch noch der Friedaach als Stockfesch- un Ädäppelsdaach? Un üvverhaup, am Hungerdohch nage!“ hä wäßelte widder zeröck en der Schullmeisterton: „Wesst ehr eijentlich, wo dä Bejreff herrkütt? Nä? Dann well ich üch dat ens verkasematuckele.

Et wor fröher – un en mänche Jäjende och hück noch usus, am Aanfang vun der Faastezick en der Kirch am Chor-Enjang e Hungerdohch opzehange.

Dat woodt och ‚Fastenvelum' jenannt. Et sollt der Altar verberje un de Lück draan errennere, dat se faaste – un zwor ähnzhaff faaste un böße sollte. Su e Dohch, dat wor ene jroße, us wießem Linge jenihte Vörhang met herrlije jesteckte un jemolte Bilder, die mihtstens de Passion zeichten. Dat Hungerdohch woodt domols en Heimarbeit vun ärm Fraue us einzele Stöcker zesamme jeniht. Domet däten die sich e paar Penning dozo verdeene. Dat heiß alsu: Die Fraue hann am Hungerdohch jeniht. Späder, wie die Jewende mih un mih verlore jing, wossten de Minsche met dem Sproch nix mih aanzefange. Se kunnten sich eifach nit vörstelle, dat mer jäjen Hunger met Nihe aanjonn künnt. Se meinte, dat wör doch dann wal eher müjjelich, wa'mer aan irjend jet nage dät. Suzesage, wa'mer jet ze knabbele hät. Un su woodt us dem Sproch ‚am Hungerdohch nihe' schleeßlich ‚am Hungerdohch nage'!

Su, un domet ehr seht, dat ich nit am Hungerdohch nage, well ich üch verrode, dat mi Änni mer dise Meddaach en öntlije Pozijon Himmel un Äd met Blotwoosch jekoch hätt. Dat ess der fünfte Jrund, woröm ich mem Verzehr hück ovend e bessje kööter tredde muss." Domet hovv der Schmitze Severin jot jesennt si Wasserjlas, reef e fründlich „Pross, ehr Häre" en de Rund un nohm met suvill Jenoss ene deefe Schluck, wie wann hä et leckerste Kölsch vör sich hädden.

En der Stroßebahn

Kennt ehr der Hilarius Jöckmichnit us unsem Veedel? Bal jeder kennt in. Wann ehr in nit persönlich kennt, dann kennt ehr ävver doch ene Minsch, dä zemindes su eine ess, wie der Hilarius Jöckmichnit.

Der Hilarius wor ene jesalvte Rentner. Eijentlich wor hä jo met sich un der Welt zefredde, hatt ävver eifach ze vill Freizick. Dat wor villeich och der Jrund, woröm hä mihtstendeils aan allem, wat hä sohch un erläävte, jet ze resoneere hatt. Winnichstens eimol dächlich kunnt mer vun im höre, dat fröher alles besser wor. Fröher woren de Sommer heißer, im Winter jov et mih Schnei, de Minsche wore fründlijer un de Pänz wore perse besser jerode. Se saaten „bitte“ un „danke“, stundten en der Elektrische för äldere Lück op un allem vörop: Se jove kein Widderwööt!

Auwei, do wor im ävver de Fantasie durchjejange. Klor jov et fröher Sommer, die jlöndich heiß wore un och Winter met besonders vill Schnei, ävver doch nit immer. Secher jov et och fröher Puute, die wosse, wat sich jehoot, jenau su, wie et die hück jitt. Un hückzedachs traut sich och allt ens ne kleine Quos de Muul opzemaache, wann hä en Unrääch jewahr weed, un dat kann su ne ahle Bemm wie der Hilarius evvens nit verknuse. Dann ka'mer in, wie neulich en der Stroßebahn, widder wie ne Rav schänge höre, dat fröher doch alles besser jewäs wör.

Dat fing allt aan, wie hä am Nüümaat en de Bahn steijen dät. Wie nit tireck su ne Klein opsprung, för im sing Plaaz aanzebeede, fing dä Nöttelefönes et Schänge aan. De Lück däten sich allt noh im ömdriehe, ävver hä schannt immer wigger üvver die „Saupänz“, die keine Strang mih vör dem Alder hann.

Hä bauten sich vör dem kleine Fetz vun villeich zehn, elf Johr op, för im der Setzplatz avzeluchse. Dä, nit op de Mul jefalle, saat ävver janz jewetz: „Ich setze he, weil ich hück us dem Spidol jekumme ben. Doför steit ävver ming Mamm!“ Hä zeichten op die jung Frau, die nevven im stundt. Die woll der Hilarius jrad aankrijje, ävver dä ahle Knotterbüggel drihte sich öm, brummten sich jet en der Baat un versook, ne Fant, dä met singem Händi beschäftich wor, ze fexeere. Dä leet sich ävver nit störe, lo‘te koot op un meinte bloß: „Loßt mer ming Rauh, ich kumme jrad vun der Arbeit un ben mööd. Wat fah’t ehr dann och en der Haupverkehrszick met der Bahn. En örem Alder jehööt ehr zo der Zick hühkstens vör de Äujelskess.“

„Waht do freche Rotznas! Wann ich dich krijje, dann schlonn ich deer en Pläus“, schannt der Manes un hov singen Spazeerstock wie nen Zabel en de Hüh. Hä schannt noch en janze Zick wigger. Schleeßlich saat hä för dä Poosch: „Dat si‘mer de Richtije, die eesch äldere Lück beleidije un späder ze fuul sin för ze arbeide.“

Jetz stundt dä Poosch op un stallt sich met singem Meternüngsich dem Hilarius Jöckmichnit tireck vör de Nas. Dem Hilarius met singem Meterfünnefunsechsich woodten de Kneen weich.

„Su!“, saat dä Poosch un sohch dem verschreckte Hilarius deef en de Auge. „Jetz ess endlich Schluss!“ un noh ner Kunspus: „Ich muss nämlich ussteije! Jetz weed ming Plaaz frei.“ Verdutz lo‘ten der Hilarius dem Jung hingerherr, un wie hä sich ömdrihte un sich endlich setze woll, hatt sich allt en Frau met enem Kind om Schuß op die frei Plaaz jesatz. Dat hät der Hilarius Jöckmichnit no doch jejöck. Aan der nöhkste Haltestell maat’e sich durch de Koot.

De Karwoch ess enjelück

Sonndaach – wat för ene besondere Daach för ene Arbeitsmann! Der Schmitze Severin soß met singer Aanjetraute en der Linnie achzehn vum Dom nohm Nümaat. Wie se do en de Linnie nüng ömjestieje wore för op heim aan ze fahre, hatten se de letzte frei Plääz kräje un hinge no ehre Jedanke noh.

„Dä", saat der Severin metens för et Änni, sing Frau, „no ha'mer de Karwoch enjelück. Et wor en jot Idee vun deer, för de Palmsonndaachsmess noh Menneritte ze jonn. Die Mess, mem Ahzbischoff un vum Stadtdechant zelebreet, wor doll un hingerherr die koote Prozession nohm Dom..., bei däm schöne Wedder... Et hät all jepass." Hä maat en Jedankepaus. Dann jriemelten hä versonne: „Un jetz jitt et derheim der ehschte Sparjel dis Johr, Hätz wat wells de mih?" Hä laat singem Änni der Ärm öm de Scholder un trok it vör luuter Jenöchde fass aan sich.

„Ävver do weiß schon, dat mer immer noch en der Faas sin?", frohchten et Änni un maat e bedenklich Jeseech. „Der Palmsonndaach ess der sechste un domet der letzte Sonndaach en der Faas. Aan däm Daach feet de Chrestenheit der fesslije Enzoch vum Jesus noh Jerusalem."

„Ävver Leevje", ungerbrohch it der Severin, „dat weiß ich doch all. Un wat de Karwoch aanjeit, die jetz folch, do ess ‚Kar', wie do secher selvs weiß, en althuhdütsch Woot, wat Klage, Kummer odder Troor bedück. Dat die Troorzick trotz Palmsonndaach noch nit öm ess, sühs de och aan su en Name Jröndonnersdaach. ‚Jrön' kütt vun ‚greinen' un meint ‚kriesche'. Ehsch am nöhksten Sonndaach weed dann et jrößte chresslije Fess jefe't, Ostere odder

Pooschte, wie mer fröher ze Kölle saat. Wenn dann et Weddder widder jenau esu schön ess wie hück, dann ungernemme mer och widder jet. Villeich fahre mer ens en et Jröne un dunn do uns Eier versteche."

„Do Doll", laachten et Änni un dröckten sich aan der Severin, „als wann meer hückzedachs noch Eier verstechen däte. För wä? Uns Pänz sin us dem Huus. Ävver för ding Erklärunge komplett ze maache sollte mer noch sage, dat dä Name Ostern vum altjermanisch Austro kütt un Morjenröte meint. Su! Un jetz freuen ich mich trotz der Karwoch och op der Sparjel! Usserdäm ben ich fruh, dat ich hückzedachs nit, wie fröher die Ahle, de Karwoch nötze muss, för Huusputz ze halde un, wie ming Mamm immer saat, der Judas uszefäje."

„Nä", laachten do der Severin, „bloß nit, söns trecken ich för die Zick en et Hotel!"

Et Änni moot laache. „Nä, dat bruchs de nit. Do weiß doch: Huusarbeit ess nit jrad et jrößte Verjnöje för mich, usser Koche natörlich. Besonders weil ich ene Metesser hann, däm mer aansüht, dat et im mihtstens schmeck." Et strech dem Severin ens höösch met der Hand üvver si Büchelche. „Ävver ne Mann ohne Büchelche ess wie ne Höhnerhoff ohne Küchelche!"

„Eja", saat der Severin, „un besonders jän essen ich dinge Sparjel, dä kochs de usjesproche lecker!"

„No jo, do ka'mer jo och nit vill draan verkeet maache", jov et Änni jet verläje zeröck. Met Kumplemente dät et sich noch immer jet schwer, obwohl et allt esu lang mem Severin verhierodt wor. „Irhlich jesaat, freuen ich mich jetz och drop, och wann ich do wäje minger Jeesch jet vörsichtich met sin muss.

Wie die Zwei sohche, dat sämplije Lück us der Stroßebahn ussteijen däte, meinten der Severin perplex: „Wat sähs de dann no? Jetz si'mer doch vör luuter Jeschwaadts en Station ze wick jefahre. No jo", dät hä sich tireck trüüste, „dann laufe mer dat Stöck evvens zeröck. Et Wedder ess jo, wie jesaat hück besonders schön!

Et kütt all widder

Mer hät Jewende, die sin esu alt wie der Düvel, un dä hät – wie mer weiß – noch en Jroß! Su en Saache hann sich em Levve vun de Minsche fassjebesse un sin nit kapott ze krijje. En däm Fall nennt mer se dann Bräuch! Et jitt och relijöse Bräuch, die kumme jedes Johr widder, wie Chressdaach odder Ostere. Eine relijöse Brauch, dä vör allem de katollische Lück fröher vill strenger bejange hann, ess met der Zick immer winnijer ähnz jenomme woode: de Faas! Zick e paar Johr ess et ävver widder aanjesaat, en der Faas och verhaftich ze faaste. Bloß dat dat hückzedachs nit mih unbedingk ene relijöse Hingerjrund hät. En unsem Kaffekränzje för e Beispill si'mer ze sibbe Fraulück. Et Anita, et Helja, et Annemie, et Drüggela, et Kättche, et Marjot un ich, säht der Jeck.

Wie de Faas kom, wor et Kättche Föör un Flamm doför. „Ich verbieße mer jetz sibbe Woche lang et Fettijes om Brut. Wä deit met faaste?"

Et Marjot lo'ten et jet kumfus aan. Noh kootem Üvverläje saat et: „Ich! Ävver ich loße leever de Schukelad un de Kamelle us dem Liev. Dat brängk mer och mih, dann nemmen ich endlich ens jet av." Mer muss wesse, dat et Marjot allt als Zehnpünder op de Welt jekummen ess un die dressich Prozent Üvverjeweech si Levve lang behalden hät.

„Ehr sidd jo doll!", laachten et Helja. „Ävver wann ehr meint, dann maachen ich och met un verzichte op de Zerette!"

„Waaat?", rächten sich et Kättche op. „Dat jilt nit! Do rauchs doch jar nit."

„Jeder kann fottloße, wo hä Fiduuz drop hät", worf ich en dä Disköösch en un packte mi Päckelche Plätzjer us, wat ich för der Kaffeklatsch metjebraat hatt, för ze zeije, dat ich nit met faaste woll. Ich heelt et zoehsch dem Marjot unger de Nas.

„Do bess jemein! Ich woll doch op Leckerjots verzichte“, schannt it.

„Av morje!“, saat ich.

Et Drüggela, vun Nator us en Villem jet ze koot jekumme, dönn wie en Bunnerohm un met enem Kaplonsjemöt versinn, woll och jet beidrage. „En mingem Fall“, jömerten et met singem dönne Stemmche, „wör et villeich besser, wann ich jet mih Kooche un och jet mih Fettijes essen dät.“

„Ich ben dobei!“, reef do et Anita, wat sich bes jetz zoröckjehalden hatt. „Mih Fettijes un mih Schukelad. Dat wör för mich en Strof!“

„Do lüchs!“ Et Kättche woodt unjehalde, et fohlt sich nit ähnz jenomme. „Do söhks bloß en Alibi för ze schnäuse un ze schnuppe.“

Et Marjot, dat sich stekum die Pläzjesdos eraanjetrocken hatt, wor met decke Backe am käue un molte uns en de schönste Färve us, wie et – av morje – faaste un mindestens zehn Kilo avnemme woll. Su jingk dat Jeschwaadts hin un herr: Et Ehschte hatt en Idee, et Zweite ne jode Rot, et Drette woss et besser, un et Veete schmess alles widder öm. Einzich et Annemie hatt sich janz us dem Diskösch erusjehalden. It saat nix vun singem Vörsatz.

Wie sich uns Kaffekränzje noh Ostere widder trof, verzallt jederein, wie et im beim Faaste erjange wor. Et Kättche strohlte wie ne Chressbaum am Hellije Ovend, weil it keine Fitzel Fettijes om Brut jejessen hatt un su, wie et saat, singe ennere Schweinshungk em Jreff jehatt hädden. Et Helja un et Anita laachten sich schibbelich un reefe wie us einer Mul: „Su ne Stööz“! Ich schuppte bloß der Scholdere: „Ich hann sujet nit nüdich!“, un et Annemie, dat jo nix verroden hatt, kloppten sich stolz op sing Bross: „Ich hann mich draan jehalde! Ich nemme mer bei su en Jeläjenheite nämlich immer vör, mir nix vörzenemme, un dat flupp jedes Mol.“

„Saach ens“, kräch ich et Marjot aan, wat de janze Zick su verdächtich räuhich op singem Stohl soß, „wie wor et dann bei deer? Do lors jet bedröppelt dren un sühs nit us, als hätts de zehn Kilo avjenomme. Häs de nit durchjehalde?“

„Och jangk mer fott! Veer Woche hann ich kei Söß jejesse un hatt och zwei Kilo avjenomme. Dann hann ich bloß ein einzije Tafel Schukelad jeschnupp un dä – tireck hatt ich et all widder drop. Un zom Dank noch ei Kilo mih.

Do hann ich et sin jeloße."

Et Drüggela met singem jode Jemöt woll et Marjot trüste un meinte: „Dat ess doch nit esu schlemm. Et kütt doch immer widder en Faastezick, dann kanns de et jo noch ens probeere. Jot Jeläjenheite kumme immer widder!"

„Eja", worf et Anita janz drüch en. „Et kütt all widder, un am flöckste de Punde!"

Em Drette Plöck

He deit et wih, un do deit et wih! Dat ess nit bloß e Fastelovendsleed. Dä Sproch ess allt esu alt wie dem Düvel sing Jroß un och wohr, zick et Minsche jitt. Ehsch rääch, wann einer, för e Beispill en der Fastelovendszick, zevill jefiert hät. Schleeßlich kütt jo jeder ens en de Johre. Bloß wohr hann well et mihtstens keiner.

Dat jilt natörlich zoehsch för de Knoche, ävver et jilt och jenau esu för et Hätz. Mänch einer, dä allt em drette Plöck ess, hät em Fastelovend nit bloß vill ze vill jehöpp un jedanz, nä, hä hät och e Fastelovendsfisternöllche aanjefange un hät do villeich sujar si Hätz bei verlore. Wann'e dann widder nöchtern ess un der Alldaach in widderhät, bliev, wann'e schlau ess, en schön Erennerung zeröck. Ansönste kann et sin, dat et im he wih deit un do wih deit.

Allzo ähnz sollt mer et jo mem Verliebe em vörjeröckte Alder suwiesu nit nemme. Secher, Usnahme jitt et och. Op der Hermeskeiler Stroß wonnten ens vör Johre et Sommerfelds Luisje, e staats Frauminsch met enem Kaplonsjemöt, jet dröcklich, ävver nit domm. Bei alle Famillijefeste hatt et Luisje e kölsch Spröchelche parat un dät och jän, wann et aanjebraat wor, bei de Fründe op Kölsch jrateleere.

Et Luisje wor och allt bal em drette Plöck, wie et sich noch ens bes üvver beidse Ohre verknallt hät. Dat wor nit aan Fastelovend, nä et wor aan enem janz jewöhnlijen Daach, medden em Johr. Eine Bleck op dä jriese Fetz hatt jerick, för et Luisje us dem Fazung ze bränge. It wor hin un weg!

Et wor esu knatschjeck, dat et si Hätz op der Zung drohch un et jedem verzälle woll. Weil dat ävver no nit immer un üvverall jingk, satz et sin hin un maat e kölsch Rümche op sing späte Leev:

„Et jrummelt em Buch, et weed wärm öm et Hätz,
wann hä mich leev aanlo't, dä jriese Fetz, met singe Auge, su blau wie et Meer.
Met mingem Fazung es et nit wick her, wenn hä mich ens aanlaach, su lus un jewetz;
dann denk' ich för mich, do jecken Ditz,
wat hät dä dann aan sich, wat andere nit han? Doch üvverhaup nix!
Un trotzdäm, ich kann nix dodraan maache, hä verdrieht mer der Kopp.
Ich kann et nit ändere, ich wäd' noch beklopp.
Mi Levve kritt ene janz eije Senn, denk ich bloß aan dat Külche em Kenn.
Ming Kneen wäde weich, hören ich nor sing Stemm,
dann föhlen ich et besonders schlemm, dat hä mich reje't, met Punk un met Komma!
Un ich hann noch Spass draan, denn ich ben sing Oma!"

Üvvrijens, ich hann et Luisje vör kootem noch ens jetroffe. Singe jriese Fetz ess dis Dach Zwanzich jewoode, un it ess immer noch knatschverdötsch op in.

Et hätt och schlemmer kumme künne

Et Schmitze Lisbett wor en Frau, die met beidse Bein op der Äd stundt. Wo it wor, kom Levve en de Bud. Dat wossten och sing Fründinne us dem Kaffekränzje. Un weil bei jedem Treffe ne andere e Krätzje us singem Levve verzälle moot un hück et Lisbett aan der Reih wor, hatten se allt em vörus jroße Freud, se kannten it! Wie se de ehschte Neuichkeite usjetuusch un der Kooche verkimmelt hatte, laat et Lisbett loss:

„Alsu: Et jitt nix Schlemmeres wie Minsche, die einer för ehr Levve jän met jot Rotschläch üvverhäuve. En minger Famillich drieve sich en janze Häd dovun eröm! Zojejovve, de mihtste meinen et jot. Et ess bloß esu, dat jot jemeint un jot jemaat nit et selve ess! Ävver, wat sagen ich immer: Et hätt och noch schlemmer kumme künne!

No ben ich jo vun Nator us ene jenöchlije Minsch", – he fingen de Fründinne aan ze hoste, wie jesaat, se kannten it – „un ich höre mer die Rotschläch för alle Levvenslage jedöldich aan. Hin un widder nicken ich ens mem Kopp, un av un aan stemmen ich och zo. Ävver, dat ich donoh handele dät, dat kütt esu jot wie nie vör!"

„Jo jo, dat stemmp jenau, su bes de!", ungerbrohch et Drüggela.

„Jeläjenheite, bei denne de Famillich ehr jesammelte Levvenserfahrunge ens widder quitt wäde kann, jitt et er jenohch, weil bei uns de Feste su jefeet wäde, wie se falle. Namensdaach, Jebootsdaach, Kinddäuf, Pangsjoneerung – janz ejal, mer feeren et all. Bei jedem Fess ess de Famillich och komplett versammelt. Villeich hann ich jo ne fiese Charakter." – „Ooch nääå", reefe jetz de Fründinne dozwesche. –

Et Lisbett hovv de Hand: „Ävver beim letzte Treffe hatt ich ming Freud draan, ming Famillich met all ehre Rotschläch ze veraape. Nohm Kaffedrinke dät ich op eimol ene laute Krih ‚Au wih' un heelt mer en Backe fass. ‚Zantping, do ärm Deer!', bedo'te mich tireck minge Broder Hannes. ‚Do muss der jet Zuppejröns en de Ohre däue, dat hilf.'

‚Su ne Stööz, dunn dat bloß nit!', feel im der Ohm Pitter en et Woot. ‚Häss de e jebruch Hofieser em Hus? Dat kanns de en ene naaße Lappe weckele un op dat wihe Backe läje.'

Met enem Jeseech, wat einem et Wasser en de Auge drieve kunnt, schöddelten ich der Kopp. Et nöhkste Pääd wonnt drei Kilometer us der Stadt erus. Wie soll ich do aan e Hofieser kumme?

‚Häss de dann winnichstens ene Zijjelstein, för dä wärm ze maache?', woll no de Tant Stina wesse. Unse Huusbau wor doch allt esu lang herr, un zoröckbehalde hatte mer keine. ‚Enä', jömerten ich, ‚ich hann nit bloß kei jebruch Hofieser, ich hann och keine Zijjelstein.'

‚Dat ess Leichsenn, Kind! Su jet muss mer immer em Hus hann!' Ich nickte un moot bedröppelt zojevve, dat mi Apothekeschaaf nit jot bestöck wor. Et wor kei Hofieser un keine Zijjelstein dren! Mi Jööze woodt immer lauter.

‚Dat bruchs de och all nit', meldten sich no et Änni, unsem Severin si Altarjeschenk. ‚Ne Schabau wees de doch wal em Hus hann! Et Bess ess immer noch: met enem starke Schnaps spöle!' ‚Au jo!', reef ich un sprung op. Endlich ens ene richtich jode Rot.

‚Halt!' Wie e Donnerwedder klung dem Ohm Döres sing deefe Stemm. ‚Alkohol ess Jeff. Dä driev der et Blot en der Kopp, un ding Ping wäde schlemmer. Alsu: Ies drop!'

‚Ies? Lecker!' ‚Enä, nit su e Ies! Jefrore Wasser!' ‚Och, schad!' Ich kühmte noch jet mih.

Der Severin, söns immer met der Mul vörop, hatt noch jar nix jesaat. Dat dät mich wundere. Jetz satz hä sich en Posetor un saat vun bovven erav: ‚Hö't doch op met däm Käu! Mer sollt doch meine, ehr wört alt jenohch, för et einzije Meddel, wat hilf, ze kenne: Zypresseblädder en Madeira jezopp un dann unger de linke Foßsoll jebunge!' Wie sollt ich dann su flöck aan

Zypresseblädder kumme? Ich hatt er kein – un Madeira och nit.

‚Ich hann ens jehoot', meldten sich jetz dem Hannes si Irmela, bei Zantping mööt mer ner lebendije Muus der Kopp avbieße.' Nä, wat wor ich för en domm Schruut jewäs. Hätt ich mer doch bloß nit die Katz aanjeschaff! Jetz hatt ich noch nit ens Müs.

Ming Schwäjerin Bärbche hovv höösch e Fingerche en de Hüh, wie e Schullkind, un saat op mi schlemm Jööze hin: ‚Seht ehr dann nit, wie dat ärm Minsch ligge muss? Ich kennen en alt Huusmeddelche, wat immer hilf: Mer muss bloß de ‚Glocke' vum Schiller vun hinge noh vörre opsage un dobei de Napoleon-Patience läje. Dat lenk av, un mer denk nit mih aan sing Ping!'

Su jingk dat met dä Rotschläch noch en Zick lang wigger, bes ich es satt wor. ‚Su', saat ich, ‚jetz dunn ich et einzije, wat immer hilf: Ich holle mi jolde Jesundheitsboch. 'Wie ich met dem decke wieße Boch met dä majenta-rude Striefe widderkom, reef einer: ‚Et Tilefonboch!' ‚Ija', saat ich, ‚un do steit de Nummer vun mingem Zahnaaz dren. Un dä dät ich jetz aanrofe, wann die Zantping ech wöre!'

Ich weiß no nit, ov ming Famillich mer su kott ess, dat se mich de nöhkste Woche nit mih met der Fott belo't. Ävver dat ess och ejal. Et nöhkste Fess ess ehsch en e paar Mond. Un do hann ich mer vörsichshalver allt ens Tomateketschap för parat jelaat. Ich dät dann jän de Huusmeddelcher jäje Naseblode kennelihre."

Et Kaffekränzje hatt sing Freud aan däm Verzäll. „Dat Dingen ess jelunge", saat et Kättche för et Lisbett. „No stell der bloß ens vör, die Zantping wöre ech jewäs!"

„Ija", saat ich, „wat ich immer sage: Et hätt och noch schlemmer kumme künne!"

Weiß de allt et Neuste?

Wie immer, wann et Schmitze Lisbett jet enkaufe jonn well, muss et am Huus vum Heukelhovens Ööschel vörbei. Mihtstens fluppten dat met däm ‚vörbei' nit esu jot, weil et Ööschel iwich em Finster litt un jeder, dä lans kütt, aanjenklaaf weed.

Su och letzte Woch. Eijentlich woll et Lisbett sich jo stekum üvver de ander Stroßesick verdröcke. Ävver et Ööschel hatt et allt jewittert un reef tireck erüvver: „Morje, Lisbett, jot dat ich dich sinn. Weiß de allt et Neuste? Ich muss deer unbedingk jet verzälle." Jetz winkten it dem Lisbett: „Kumm doch ens herr."

Et Lisbett woll nit unfründlich sin un jingk bei et Ööschel erüvver. Noch ih et „Jode Morje!" sage kunnt laat et Ööschel allt loss.

„Kenns de allt die neu Nohbere us Nummere drücksehn? Die müsse jo öntlich jet aan de Föß hann. Ich hann jehoot, die hätte en Villa op Mallorca. Ich mööch bloß ens wesse, wo die dat Jeld herr hann. Mer süht dä Mann nie morgens op de Arbeit jonn, dä ess doch noch keine Rentner. Un die Frau? Die dräht wäjen dem Jeld de Nas esu huh, dat et ehr erenräne künnt.

Neulich hann ich se ens aankräje. Ich woll ehr bloß sage, wie et he en unser Stroß su zojeit, un wä he allt wie lang wonnt un deswäje och jet ze verzällen hät. Do säht die enjebildte Aap doch verhaftich: ‚Meint ehr villeich üch selvs? Vun üch un örer Seiverschnüss hann ich allt vill jehoot bevör mer he enjetrocke sin. Loßt mer ming Rauh, dann kumme mer och jot metenein us'.

Die ahl Krönzel, kütt als Preziosa doherr un beldt sich en, sei allein hätte Jrosche! Als wann unserein nit och Jeld hädden. Minge Leienad un ich wore dis Johr allt zweimol verreis. Eimol wore mer sujar am Mummelsie. Ich jläuve, dat ess en der Schweiz. Dat ess e ne janz dolle Karsie em Nordschwarzwald, üvver dausend Meter huh jeläje un medden em Wald. Do muss de och ens hinfahre. Do ka'mer sich jot erholle! Huch, ich muss Schluss maache, minge Leienad röf. Tschüss Lisbett, met deer ka'mer sich immer prima ungerhalde. Dat ess en wahre Staat!" Saat et, drihten sich op Avsatz eröm un leet dat verbaserte Lisbett eifach stonn.

„Ungerhalde ess jot", daach et Lisbett perplex. Et wor doch noch nit ens dozo jekumme, de Dachszick ze sage un och söns nit ze Woot jekumme. Et Lisbett schott der Kopp. „Däm sing Schnüss, die jeit wie en Entefott! Un en domm Noss ess et och, dat Ööschel! Zick wann litt der Schwarzwald en der Schweiz?"

Un üvverhaup, am Mummelsie woren singe Schäng un it och allt ens jewäs. Sei wore betterlich enttäusch dovun. Vun wäje erholle. Do wor e Minschespell un ne Rummel wie am Drachefels, un dat alles wäjen su nem Futz-Sie, dä met 3,7 ha noch öm 0,2 ha kleiner ess wie der kölsche Stadtwaldweiher. Nä, dann kann ich mich en mingem Jädche besser erholle. Un wann ich dann av un aan ens aan der Stadtwaldweiher jonn, dann kann mer dem Ööschel singe „schweizerische" Mummelsie jestolle blieve!

En opjeweck Ströppche

Dem Pötze Karl si Enkelche hatt en öntlich Zeuchnis met heimjebraat. Et jehoot zwor nit zo de Beste en der Klass, wor ävver janz jot em Meddelfeld opjehovve. Dem kleine Lena sing Stärke wor sing Schlabberschnüss. Un et wor dem Opa singe janze Stolz. Wat de Schull aanjeit wor dem Pötze Fuss singe Standartsatz: „Der Wäät vun enem Minsch fängk nit ehsch beim Abitor aan!" Un rääch hatt'e.

Der Karl verzallt jän, wie opjeweck si Klein wor. Wat et besonders uszeichne dät wor, dat et alles, wat en der Famillich su verzallt woodt, metkräch. Dä Sproch, dat de kleinste Kessele de jrößte Ohre hann, dät beim Lena passe. Un et maat sich üvver dat, wat et su jehoot hatt, sing eije Jedanke.

Su hatt et letz Johr öm die Zick die decke Tant Züff, dem Pötze Karl sing Kusin, tireck aan der Döör üvverfalle, wie se ens op Besök kom: „Jot, dat'e küss, Tant Züff, ming Mamm hät nämlich allt op dich jewadt, se bruch dich!"

„Jo?", frohchten die Tant verwundert. „Wiesu dat dann? Et woss doch keiner, dat ich kumme woll."

Et Lena laachte ävver bloß un säät: „De Mamm hät dich vum Finster us kumme jesinn un jemeint, do hätts ehr jrad noch jefählt."

De Tant maat e domm Jeseech, kräch sich ävver flöck widder en. „Wä weiß", daach se „wat dat Püütche do verstanden hatt."

Et woodt Kaffe jedrunke un jeschwadt, un die decke Tant Züff kräch nit jenohch vun der Mamm ehre selvsjebacke Plätzjer. Wie immer foh't se et jroße Woot. Et Lena rötschten op singem Stohl unräuhich hin un herr, weil et doch jet om Hätze hatt. Wie it et nit mih ushalde kunnt ungerbroch et de

Tant un frohchte met jlöndije Bäckelcher: „Saach ens, Tant Züff, muss do eijentlich ding Zäng immer kämme?"

„Wie küss de dann dodrop?" De Tant lo'ten dat Klein entjeistert aan.

„Weil der Papp doch neulich jesaat hatt, do häddens Hoore op de Zäng."

Mer kunnt der Ervtant förmlich aansinn wie beleidich se wor, un dat se sich no üvverlaat, ov se nit besser ehr Testament ändere un ehr Jröschelcher dem Deerschutzverein hingerloße soll, domet dä ne neue Verein för de Züchtung vun rückwärts flejende Maikävvere jründe sollt. Se hatt evvens su ehr Eijenaate, de Tant Züff, kräch sich ävver trotzdäm bal widder en.

Der Papp un de Mamm woodten föörrut em Jeseech, ävver och sei krächten sich bal widder en, un allmählich kom widder ne normale Verzäll op. Wie et sich för en ahl Tant jehoot, dät se dat Püütche och nohm Zeuchnis froge, fohlt sich ävver nit jenüdich, dem Klein su jet wie en Belohnung zokumme ze loße. Statt desse dät se dat Buselche froge, ov et dann vun singem Papp jet för dat schöne Zeuchnis kräjen hätt.

„Enä, Tant Züff, ich woll jo eijentlich jän e Computerspell jehatt hann", saat do dat kleine Ohs. „Der Papp hät ävver jesaat, dat jing nit. Saach ens, Tant Züff, kanns de nit ens de Auge zo maache?"

„Woröm dat dann?", frohchten de Tant un maat de Auge zo.

„Weil der Papp jesaat hät, ich kräch dat Computerspell ehsch, wann do ens de Auge zomaachen däts."

Mer kann sich jot vörstelle, dat et jetz zappendüster wor un sich die decke Tant flöck dönn maat. Wie se aan der Döör erus woll heelt et Lena se fass u fispelten ehr zo: „Ich paasen op dich op, Tant Züff, dat de nit fottküss."

„Wie meins de dat?", frohchten de Tant leis zeröck.

Jetz flüsterten et Lena: „De Mamm hät letz jesaat, do künns ehr jestolle blieve."

Dat jov der Tant Züff endjültich der Ress! Se wor flöcker drusse wie se eren jekumme wor un hät sich bes hück nit mih bei der Verwandtschaff sinn loße. Ävver ne Verein för de Züchtung vun rückwärts flejende Maikävvere jitt et bes hück noch nit.

E widderlich Frese

Hann ich üch eijentlich allt ens verzallt, wat för en unjeschuv odder wann ehr dat besser verstoht, wat för en unjehobbelt Frese minge Nohber ess, der Niddermeiers Dieter us der Mommsenstroß ? En singer Famillich weed hä bloß der Kühmbrezels Dieter jenannt. Hä määt singem Name ävver och alle Ihr. Kaum läuf hä einem ens üvver der Wääch, weed mer et Neuste üvver sing Röggeping jewahr, ejal ov mer et höre well odder nit. Wä der Dieter kennt weiß, dat dä Knuuzenbüggel iwich pröttelt un am Leeevste üvver sich un die schlemm Ping schwadt, die hä anjeblich üvverall hät.

Wann hä ävver ens beim „Hubääts Eck“ aan der Thek steit un su sing sibbe bes aach Kölsch intus hät, natörlich met nem Koote bei jedem zweite Beer, dann ka'mer nix vun singer Ping merke. Do hät hä üvverhaup kein Zick för Ping, weil hä do ohne Püsje su laut schwadroneeet, dat ander Lück sich nit ungerhalde künne. Se müssen im, ov se welle odder nit, eifach zohöre. Der Dieter kann en janze Weetschaff ungerhalde, un si einzich ähzhaff un wichtich Thema heiß: Dieter. Hä ess der Meddelpunk vum Universum. Hä selvs un die schlemm Ping, die im et Levve su schwer määt!

Neulich soß et Breuers Angenies, en ahl Juffer vun wick üvver sibbenzich Johr, die ävver trotz ehrer Krängde noch voller Levvensmot un Levvensfreud ess, aan der Thek om einzije Barhocker, wie der Dieter erenkom. Et Angenies jeit av un aan och allt ens allein en de Kneip, et hät jo noh keinem jet ze froge.

Wie der Dieter metkrääch, dat et Angenies un der Weet sich de neuste Wetz am verzälle wore un hä kaum Schangse hatt, em Meddelpunk ze stonn, woodt hä soor. Hä jingk aan de Thek, daut et Angenies mem Ellenboge höösch vum Hocker erav un saat: „Maach ens Plaaz he. Ich ben ene Invalid un muss mich räste. Met minger schlemm Ping kann ich nämlich nit esu lang stonn.“ Der Weet woll jrad jet sage, ävver et Angenies jriemelten in aan un meinte bloß: „Loß in doch jewäde, hä kann jo nix doför, dat in keiner för Ähnz nimmp un hä sich deswäje su wichtich määt.“

Zoehsch wor der Dieter baff. Doch dann woodt hä wödich. „Wat sähs de do, do versoffe ahl Schrumpel? Mich nöhm keiner för Ähnz? Ich dät deer ens einen Daach ming Ping jünne. Dann wörs do bestemmp de janz Zick am lamenteere.“

Jederein em „Hubääts Eck“ woss, dat et Angenies schwer krank wor un och dat et sich niemols ungerkrijje leet. All wossten se't! Och der Dieter! Ävver dä intressete sich bloß för sich selvs. Ander Lücks Krankheite däten im jo nit wih.

Su ess'e evvens, der Kühmbrezels Dieter. Et heiß nit ömesöns vun im, dat hä singem Name alle Ihr määt. Metjeföhl verlangk hä bloß vun dä andere. Hä ess no ens, wie jesaat, der Meddelpunk vum Universum. För de Nohberschaff ävver ess hä bloß e widderlich Frese!

Die puckelije Verwandtschaff

Wat hät mer doch e Krütz met der Verwandtschaff un denne, die sich Verwandtschaff schänge. Die, die uns am letzten Wochenengk besook odder besser jesaat heimjesook hann, sin bloß quasi verwandt. Der Jottfried mem Irmela un met ehre Puute! Se wonnen zom Jlöck wick fott, en Pusemuckel. Ävver jedes Mol, wann die en Kölle sin, fällt inne en, dat singerzick ehr Jroß ene Kusäng vun minger Jroß jehierodt hät. Un no meinen se, ene Besöhk bei uns wör e Jeschenk för uns un sei künnten de Hotelkoste spare. „Eijentlich ben ich jo e jedöldich Schof", säht minge Schäng immer. „Ävver dat Wochenengk verjessen ich em Levve nit mih!"

Su stundten se am Samsdaach ens widder vör der Döör, ohne dat se sich aanjemeldt hatte. Un meer hatten uns op e jenöchlich Wochenengk jefreut. „Wa?", saat der Jottfried plaaz ener Bejrößung, „do sidd'er platt! Su ne Üvverraschungsbesöhk ess jet Schönes. Mer reechten uns allt ens em Kämmerche en un dann drinke mer zesamme e lecker Tässje Kaffe. Mi Julche hatt jo extra ne Sahnekooche parat jemaat, ävver dä hät unse Päul, dä Tappes, en der Matsch falle loße. Ess dat schlemm? Nä, ne? Ehr hatt doch secher jet em Hus!" Noch ih ich de Dachszick sage kunnt, wor dat janze Kroppzüch allt met vill Jeschratels en uns fresch reneveet Jästezemmer enjefalle, un – paftich Lambäätes – floch de Döör hinger inne zo. Die hatten doheim bestemmp Rievkooche en der Döör.

Drusse wor et am rähne, dat et sief. Un weil dat Puutejesöms sich de Föß nit avjeputz hatt kunnt ich mer usmole, wie der neue Teppich no ussöhch. Ich wor de Trone noh! Der janze Nommedaach hann die Saupänz jepööz:

Döör op, Döör zo, Döör op un – paftich Lambäätes – widder zo. Un dat Poppeditzje vun enem Marieche wor de janze Zick am bälke, secher weil et noch nit pööze kunnt!

Beim Ovendesse pöttelten sich der Meddelste vun dä Köttel de Köchjer vun singe objefalle Kneen un laat die op der Desch. Dat wor sujar singer Mamm zevill. Met Krokodilstrone en de Auge leet se in wesse, wie enttäusch se vun im wör un dat et ehr wih dät, sujet ze sinn. Se wör ärch unjlöcklich, dat'e deswäje no am Sonndaach nit met zo ehrer Verabredung jonn dörf. Wat dat för en Verabredung wor, woodte mer nit jewahr. Hä mööt dann der janzen Daach bei uns blieve.

„Do kritt mer jo de jäl Färv", daach ich un hätt dä Balch et leevs erschosse. Metens hatt ich en jot Idee. Met enem schinghellije Jrinse saat ich, dat mer doch selvs am Sonndaach der janzen Daach, vun fröh aan, enjelade wöre, un dat se, su leid et uns och dät, nohm Fröhstöck widder jonn mööte.

Der Ovend woodt lang, weil die Saupänz absolut nit en de Lappekess ze krijje wore un ehr verständnisvolle Eldere se jo nit jän bedränge wollte. Dat jöv psychische Schäden, meinten der Jottfried.

„Woröm jonn die nit en e Hotel?", knotterte minge Schäng, wie mer koot för Meddernaach em Bett lohche. „Dä Poppelappejottfried hät doch als Alträuscher Jeld jenohch. Un si dämlich Julche jeit mer och op de Nerve. Su en Pritsch, wie die ess un deit esu fromm. Nit ens ehr Quante hät se em Jreff. Wenn die fott sin, maachen ich drei Krützzeiche!" Dat dät der Schäng dann och!

Beim Sonndaachsfröhstöck hatten de Jäss noch ens su öntlich zojeschlage, dat der Meddelste andauernd opstüsse moot und aan einem Stöck am jömere wor: „Meer ess et schlääch, meer ess et su schlääch." Och dä Poppelappejottfried kräch der Hals nit voll.

Wie se endlich fott wore hät der Schäng sich mindestens en veedel Stund lang bekreuzich, un no freue mer uns op et nöhkste Wochenengk, wat mer – hoffentlich – allein verbränge künne!

Kühme deit jot!

Der Schlemmermeiers Chrestian wor, wie mer su säht, nen ärme Deuvel. Hä wor eine vun dä Minsche, die, dovun wor'e üvverzeuch, em Hinbleck op de Jesundheit vum Herrjott jet vernohlässich woode sin. Hä hatt jeden Daach en ander Krankheit, un wann et dann doch kein Krankheit wor, dann hatt'e zemindes irjedwo Ping, un zwor schlemm Ping.

Usser, dat'e ne Kühmbrezel wor, wor der Chrestian ne jode Flöbbes. En Frau, die in hädden bedoore künne, hatt hä nit, hä wor allt zick Johre jeschiede. Der einzije Minsch, met däm der Christian av un aan ens schwaden dät, un däm hä si Leid klage kunnt, wor et Ferkeskopps Mia, wat allt su lang wie sich der Schlemmermeier entsenne kunnt, e klei Jemöskrömche op der Eck Münstereifeler Stroß bedrieven dät.

De janze Nohberschaff nannt et Mia bloß Ferkeskopps Mia. Keiner woss eijentlich wie et wirklich heeß un vun wäm un zick wann et su jenannt woodt. Woröm et su jenannt woodt ka'mer sich jo denke. Et hatt en Visach, wa'mer dem en Zitroneschiev en de Mul läjen dät kunnt mer it beim Metzjer en et Finster läje! Et wor wirklich kein Schönheit, ävver et hatt e jot Hätz – un et hatt en reselutte Schnüss.

Dem Schlemmermeier si Jekühmps nohm et nit ähnz. Em Jäjendeil, et ameseeten sich drüvver un üvverlaat, wie et im wal sing enjebildte Krankheite usredde künnt. Schleeßlich wor im jet am Chrestian jeläje.

Su hatt et, wie der Schlemmermeier ens widder üvver sing schlemm Röggeping jömerte, för in jesaat, dat et einer kenne dät, dä hädden de selve schlemm Symptome. Däm hädden der Aaz jesaat, hä mööt immer wick vörjebeuch jonn, dat dät der Rögge schone. Zick däm jingk der Schlemmermeier krumm.

En andermol woss et Rot för singe Mage. „Wann der Mage dröck, muss mer jede Morje vör dem Fröhstöck ne Ränwurm eravschlecke." Dat hatt der Schlemmermeier, wann och met Widderwelle, befolch. Schleeßlich wor hä jo dutkrank.

Wie hä ävver ens et Ferkeskops Mia öm Rot jäjen sing unjewöhnlich schlemm Zantping frogen dät, un saat, dat im dobei och de Beldere su wih däte, un wie et Mia im do met däm ahle kölsche Rot kom, jäjen sing Zantping sollt hä ner lebendije Muus der Kopp avbieße, un för de Beldere mööt hä der Mugk jet scheif halde un de Leppe immer jet vörstölpe, do woodt et dem Schlemmermeier doch ze vill.

„Ehschtens ess dat Sauerei", woodt im op eimol klor, „un zweitens sin ich dann us wie e Ferke!". Met einem Ruck heelt hä sich widder jrad, lo'ten et Mia falsch aan un saat: „Mia, ich ben deer för ding Rotschläch dankbar, ävver jetz ess et jenohch. Ich well nit esu ussinn wie do!"

Domet hatt der jode Verdraach zweschen dä zwei zwor för et Ehschte ärch jeledde, ävver et Mia fraut sich, dat der Chrestian jetz schings jeheilt wor vun singe enjebildte Krankheite.

Villeich kunnten se no och ens üvver ander Saache verzälle, daach et sich! För e Beispill üvver it un in? Eines Daachs ens villeich? Janz bestemmp, eines Daachs!

Alt wäde määt Spass

Et letzt hann ich e Rümche jelese, en däm einer üvver sing 80 Levvensjöhrcher verzallt hät. Do daach ich esu drüvver noh, dat et en minger Famillich un en der Nohberschaff jo vill Lück jitt, die de fuffzich allt üvverschredden hann un deswäje nit mih bei et junge Jemös zälle. Un weil ich us mingem Bekanntekreis weiß, dat de Minsche janz unterschiedlich üvver et Älderwäde denke – beonders de Fraulück krijje jo mänchmol allt de Bejovung, wann se dressich wäde – hann ich mich jefrohch, wann hann ich eijentlich et ehschte Mol üvver mi Alder nohjdaach? Dat wor, wie ich sibbenzich woodt.

„Dä", hann ich domols jedaach, „no ess et passeet. Och ich jehöre zick vörrije Woch bei et ahle Ieser. Wä hädden dat jedaach! Vör mingem sibbenzichste Jebootsdaach wor ich noch en äldere Frau. Vun hück op morje ben ich en ahl Frau.

Hätt ich vör veezehn Dach en neu Höff odder e paar neu Kneen jebruch, dann wör dat em Rubbedikabess jemaat woode. Wör dat hück esu, dann däten de Döckters sich froge, ov sich dat en mingem Fall üvverhaup noch luhne dät.

Letzte Mond ben ich en en Verkehrskontroll jerode un woodt, wie die ander Lück och, nohm Föhrersching un de Papiere jefrohch. Un weil dat all en Odenung wor, woodt ich tireck wiggerjescheck. Jenau esu wor et och bei minger letzte Verkehrskontroll, die allt e paar Johr herr ess.

Wie der Düvel et well, jov et johrelang jar kein Kontroll, ävver jester kom ich allt widder en ein. Bloß, dat dismol dä Blö ehsch ens frogen dät: „Sibbenzich?" Dann lo'te hä mich met enem Bleck aan, en däm ich lese kunnt, wat'e denk: „Ess die Ahl üvverhaup noch fahrdüchtich? Kann die em Ähnzfall noch ziggich reajeere? Darf ene fuffzich Johr ahle Föhrersching üvverhaup noch jilde, bei all dä neu Schilder, die et jitt? Bruch die nit langsam ens ene Kräsch-Kurs för de neuste Rejele un de Reaktion? Mööt die ehre Brell ens pröfe loße? Mer weiß doch dat de Auge em Alder nohloße. Un wie steit et met der Bewäächlichkeit? Mer süht kein Ömbaute em Wage! Bruch die ahl Schruv die wirklich noch nit för ehr secherlich allt stiefe Jelenke un die morsche Knoche?“

Ensjeheim hann ich mich en et Füüsje jelaach. Ming Knoche du'mer nit ehsch zick vörrije Woch wih un ne Brell hann ich allt zick Medde Dressich. Trotzdäm föhlen ich mich noch jenau esu wie vörrije Woch un ben och vör enem unbedaachte Augenbleck jenau esu vill un esu winnich jewappnet wie vör mingem Jebootsdaach. Eins ess ävver doch anders. Ich kann op e unjewöhnlich schön Fess zoröckblecke, met Jäss, die schings bloß eins em Kopp hatte, düchtich ze fiere! Su ne Jebootsdaach künnt ich jede Woch verdrage, och wenn ming Johrzahl dobei immer jrößer wöödt.

Wie heiß et doch en däm schöne Leedche vum Henner Berzau? „Alt wäde määt Spass!“ Stemmp! Weil ich no alt ben, bruchen ich keinem Minsch mih noh der Mul ze schwade, för unanjenähme Kunsequenze ze vermeide. Ich kann sage, wat ich well, ich jeneeße üvverall Aldersnohsich, för nit ze sage: ich krijje Trottelrabatt. För hade Arbeit daugen ich suwiesu nit mih, dat heiß, ich kann noh Hätzensloss fuulenze. Wenn ich för nix Loss hann, loßen ich mich eifach hange, un dat, wat die jung Lück „chillen“ nenne odder „avhange“, dat kann ich der janzen Daach dunn.

Dat Domme ess bloß, dat mer dat üvverhaup kein Freud määt. Ich ben trotz der Johre noch nit rief doför, un su verstonn ich och die Schlusswööt en däm evvens jenannte Leedche: Alt wäde määt Spass, dat halde mer fass! Ävver Spass kann nit jeder verdrage!

Su ess uns Judela

Et wor widder Kaffekränzjesdaach, besser jesaat, et Hechelkränzje trof sich widder, denn hechele künne meer Wiever am beste. Hück sollt et Anita si Verzällche beidrage. Et Anita, wat Hummele en der Fott hatt, wor en faste Bank för Jehechels. Et kannt de janze Nohberschaff un woss vun bal jedem jet ze verzälle. Et leevs dät et de Lück durch der Kakao trecke. Hück trok et üvver et Berkels Judela herr, wat em nöhkste Hüüserblock wonnen dät.

„Alsu", saat et Anita, „no hööt ens zo! Et Berkels Judela, wat allt, wie et selvs jän verzällen dät, zick de Römerzigge he em Veedel lääv, ess e doll Schlotter! Der Nohber Wellem säht sujar vun im, dat it enen Hau met der Wichsböösch hädden. Do musss ich dem Wellem zostemme.

No dät ich mich jo nie üvver Behinderte löstich maache, ävver et Judela ess jo och nit behindert, et hät bloß der Kopp op. Villeich ess dat jo sing Aat, met de Moläste vum Levve ömzejonn. Selvs wann en Sitewzijon üvverhaup nit för ze laache ess, hatt it tireck ene Wetz parat.

Su wor sing Fründin ens eines Dachs bei im vörbeijekumme för sich uszekriesche. ‚Stell der bloß ens vör, Judela', saat et Petra, ‚minge Köbes hält mer vör, dat ich ene Luschoa hätt. Dobei kann'e doch vun dem Fisternöll mem Pitter eijentlich jar nix wesse.'

Jetz fing et aan ze kriesche: ‚Hä hät mich us dem Huus jewipp un jesaat, ich soll nohm Düvel jonn.'

‚Wie?', et Judela sprung bal us dem Wöbche. Jespillt wödich saat et: ‚Un do küss de usjerechent bei mich?'

Wetzich ze sin wor sing Aat ze trüüste. Et wor ävver och sing Aat, huhpöözije Lück widder zeröck op der Boddem ze holle. För e Beispill der Strunzbüggels Män, dä sich enbelden dät, der widderjebore Caruso ze sin.

Hä hatt aan Kirmes bei enem Optrett e Pröbche vun singer Sangeskuns jevve dörfe un wor hingerherr esu stolz op sich selvs, dat'e verzallt, de Lück hätte vör luuter Bejeisterung Blome op de Bühn jeworfe.

‚Eja', saat drop et Judela, ‚un aan mänche hingen sujar de Pött noch draan.'

Su ess uns Judela! Et hät ävver och noch en ander Aat. Et ess jet fuul lans ein Sick. Och wann et do nit ze alt för wör, jingk et nit arbeide. Nit, dat et nit allt ens en der Zeidung noh ner Arbeitsstell jelo't hädden, ävver die ein Stell wor nix, weil et dann ze fröh opstonn moot, bei der andere köm et ze spät ovends heim. He die wor unger singem Niveau un do die wor bloß jet för studeete.

Wie et eines Daachs los, et jöv noch su vill frei Stelle un et wöödten ‚Arbeider beiderlei Jeschläächs' jesook, meinten et Judela bloß un jriemelten sich eins: ‚Jo klor, ävver wä hät dat allt?'

Singer Fründin hät et letz verzallt, dat et jelesen hätt, vum ville Fulenze un Müffele wöödt mer fett un krank. ‚Do hann ich et draan jejevvve!'

‚Wat dann?', frohchten et Petra, ‚et Fulenze odder et Schäuse?'

‚Enä, et Lese!', laachten et Judela.

Seht ehr", meinten no et Anita em Hechelkränzje, „su ess uns Judela. Un ich ben secher, dat et en örem Veedel och su en Exemplar jitt. Odder nit?"

Danz en der Mai

Wann sidd ehr dann et letzte Mol en der Mai eren jedanz? Alsu ich dis Johr!

Ävver vun vörre: En unser Nohberschaff wonne vill jung Lück, die zwor die janz ahl Maibräuch, wie se fröher op de Dörfer usus wore, nit mih kenne; ävver et Maibaumsetze praktezeeren se met Verjnöje. Einijes hät sich en de letzte Johre ävver jeändert. Vör e paar Johr hann die Pooschte jo noch jedaach, mer mööt beim Maibaumsetze unbedingk besoffe sin un dä Baum mööt jekläut sin. Dat ess zom Jlöck hück nit mih esu schlemm. Hück ka'mer die üvverall kaufe, bal esu wie de Chressbäum.

E bessje nitsch ben ich jo. Meer hät noch nie einer ne Maibaum jesatz. Sujet wor nie de Saach vun mingem Altarjeschenk. Selvs wie mer noch jung wore hät'e mer keine Baum jesatz un hückzedachs, wo mer allt mih wie fuffzich Johr verhierodt sin, allt ens jar nit. Dobei hatte mer em Radio jehoot, dat ene Achzichjöhrije aan singem veezichste Huhzicksdaach singer Aanjetraute ene Maibaum jesatz hatt. Ävver sujet imponeet mingem Joldstöck üvverhaup nit. Stattdesse kom hä de Woch vörm ehschte Mai met ener Üvverraschung eraan.

„Ich hann för uns zwei e langk Wochenengk en enem Jasshuus vun enem kleine Dörp en der Eifel jeboch, janz räuhich un avjeläje, ohne Brimborium, su richtich jot för uns Nerve. Dann krijje mer och nix vun dem Radau met, wenn die Junge för ehr Mädcher der Baum setze."

Ich hädden jo leever noch ens en der Mai jedanz, ävver dat jitt et jo hück bloß noch als Disco, un doför hann ich kein Loss. Do ben ich och ze alt för. Ich vermoden ens, do hätten se uns Ahle och erusjeschmesse.

Natörlich si'mer en de Eifel jefahre, schleeßlich deit mer als Frau jo immer dat, wat der Kabänes well. Vun der Rauh för de Nerve hann se mingem Kühmbrezel ävver der Schnäuzer rein jehalde. De Dorfjugend hatt sich nämlich en der Kopp jesatz, noch ens urahl Bräuch oplevve ze loße.

Un su woodt medden om Maatplatz ene riese Baum opjestallt un drömeröm jedanz. Donoh hann se, och wie fröher, de Mädcher versteijert, wat sich met vill Spass un Jejröle natörlich en unsem Jasshuus avspillen dät, weil et drusse am siefe wor. Dann woodt jedanz, de Jroße met de Kleine, de Decke met de Dönne un Fraulück met Fraulück odder jeder för sich.

Weil meer för et Ovendesse suwiesu erunder jonn moote, wore mer, ohne et ze welle, meddendren. Wie op einmol su e Leckerche vun enem junge Mädche för mingem Joldfasan stundt un ene staatse Poosch vun enem Jung vör meer, för met uns ze danze, do woodt och minge Mödmann waach. Met enem Wuppdich floch hä huh un wor em Rubbedikabess widder jung. Ich hann mich ävvver och nit lumpe loße un ben met dem Jung wie jeck üvver de Danzfläch jewirvelt. Jedenfalls kom et mer su vör. Dann ha'mer de janze Naach met dä jung Lück jefeet un jedanz un woodten nit mööd.

Muss ich noch verzälle, dat uns am nöhksten Daach alle Knoche wih jedonn hann?

Der Himmelreichs Bertram

Ich mööch jän jet vum Himmelreichs Bertram us unsem Veedel verzälle. Der Bertram wor der Bertram, sulang ich denke kann. Jenau jenomme kannt in jeder bloß als der „Jecke Bertram". Met singer fussije Pürk sohch'e mer Puute in allt vun wiggem kumme un leefen im üvverall hin noh. Wa'mer im Fratze schniggen däte, dann laachten hä laut erus, un si Laache hoot sich immer su aan, als jöv et e Jewedder. Ejal ov mer Jüxjer met im maate odder in uuzte, hä blevv immer fründlich, tätschelten uns de Bäckelcher un sung uns et janze Johr üvver Fastelovendsleeder vör un hingerdren de neuste Schlager.

Met singem sonnije Jemöt versproch der Bertram uns immer: „Em nöhkste Johr maache mer he em Veedel ne Fastelovendszoch, un ehr sidd all met dobei." Hä hatt uns Pänz eifach jän. Selvs wann ens su ne Poosch frech wie Plack reef: „Fuss, Fuss, komm erus. Drusse steit der Ommelebus!", woodt der Bertram nit wödich.

Ei einzich Mol, nie vörher un och nie mih nohher, hann ich erlääv, dat der Bertram ens us der Huck jefahren ess. Do hatt in nit su ne kleine Krott wie meer wore, nä eine vun dä widderlije Halvstarke, die mer bei uns en der Jäjend och hatte, usjelaach un im „Jecke, jecke Bertram, danz doch ens der Veitsdanz" nohjerofe. Drop leef der Bertram jlöndich rut aan, dräute dem Poosch met der Fuus un reef: „Komm do bloß jet nöher eraan, do Saubalch, dann schlonn ich deer en Pläus, dat di Jebess us esse jonn kann."

Süht mer ens dovun av, dat'e sich en de letzte Johre ärch jeschott hatt, dann wor der Bertram och als äldere Mann immer noch derselve wie fröher: huh jeschosse, dönn wie en Bunnerohm, met zwei linke Häng, nem fründlije

Jeseech un enem Kaplonsjemöt. Bloß sing Hoore, die wore met der Zick jries jewoode. Echte Fründe hatt der Bertram wal kein, ävver hä kannt Jott un alle Welt, un de Welt, sing Welt, uns Veedel, kannt in. Hatt en Famillich jet ze feere, dann wor'e do zwor nit jrad enjelade, hä jingk ävver trotzdäm hin, för metzefeere, un keiner scheckten in widder fott.

Su och letz Johr beim Winters Jupp singem Jebootsdaach. Der Bertram oß un drunk, wat'e kunnt – un hä kunnt jot – un dät jede Jass fründlich aanlaache. Saat einer: „Ess noch jet, Bertram!“, dann laat hä sich noch jet op singe Teller. Mem Drinke wor et et selve. Saat einer „Pross, Bertram! Drink doch noch eine met meer“, dann schott hä sich noch ens en. Hä leet sich evvens jän anemeere un hatt allt lang de Röggelcher wärm, wie hä sohch, dat em Nevvezemmer der Computer aan wor. Hä satz sich met enem Fläschelche Beer en der Hand dovör un fing aan, Kaate ze spille. Dat kräch der Huushär ävver spetz. Der Jupp kom eren, maat im dat Dingen us un meinte: „Komm eren, Bertram, loß et jot sin. Ihrlich jesaat, ich weiß och nit, wie de Lück fröher ohne Computer un Handy levve kunnte.“

„Kunnten se jo och nit“, saat do der Bertram drop un vertrok kein Mien, „se sin all jestorve.“

Derwiel wor de Stemmung op der Party en de Hüh jejange. Jedes neue Musickstöck sung der Bertram laut met, un kom e Fastelovendsleed, dann saat hä: „Em nöhkste Johr maache mer he em Veedel ne Fastelovendszoch, un ehr sidd all met dobei.“

Wie de mihtste Jäss aan ze danze finge, jingk der Bertram met Möh, sich jrad ze halde, op et Scheffers Marie aan. Die zwei kannten sich allt us dem Kinderjade. „Wie, Bertram“, frohchten dat janz perplex, „do wells met meer danze?“

„Enä“, wehrten der Bertram av, „ich danze nie. Ich woll bloß, su lang wie de Musick spillt, jet der Ärm öm dich läje.“

Et Marie woll ävver nit, un su satz hä sich widder en si Höttche, schlohch sing lang Bein üvverenein, sung vör sich hin un lo'te dä andere zo. Su verjingk de Zick. Öm halver Elf wor der Bertram es satt. Et trok in op heim aan. Hä stundt op, dät se op sing fründlije Aat all noch ens aanlaache un schöckelte, ohne jet ze sage, us der Wonnung erus en et Trappenhuus. Ävver och dat hatt der Jupp, dä der Bertram der janzen Ovend em Auch behalden hatt, metkräje. Hä reef im hingerherr: „Waat, Bertram, ich maachen deer et Leech aan! Et Trappenhuus ess düüster!"

Do kom vun unge lakonisch dem Bertram sing Stemm: „Nit mih nüdich, ich lijjen allt unge!"

Su wor'e, unse Bertram, durch nix us der Rauh ze bränge. Ov hä sich beim Falle ärch wih jedonn hatt, woodt keiner jewahr. Et feel bloß op, dat hä donoh nit mih su off op der Stroß ze sinn wor un dat'e sich, wann doch, he un do allt ens unverhoots aan singe Kopp packen dät. Hatte mer in fröher jefrohch: „Wie ess et, Bertram?", dann saat hä koot un jot: „Et muss!" Woodt hä hückzedachs jefrohch, dann jov hä en ander Antwoot: „Sulang ich morjens de Auge opschlonn un sinn, dat ich noch levve, sulang jeit et noch!"

Letzte Mond jingk et dann nit mih. Eines morjens wor hä eifach nit mih waach jewoode. Hä hatt sich stekum durch de Kod jemaat, jenau esu stekum wie hä jelääv hatt.

Verwandte hatt hä jo nit, der Bertram, ävver et janze Veedel woss, wann un wo hä bejrave woodt. All komen se, för im de letzte Ihr ze erwiese, un su kräch der Bertram doch noch singe Zoch – wann och keine Fastelovendszoch. Nohm Bejängnis woren de Nohbere sich all einich: Jetz ess der Himmelreichs Bertram endlich do, wo hä singem Name noh allt immer hinjehoot hatt!

Wann de Schnüss flöcker ess wie et Jeheens

„Jeis de widder noh dingem Hächelkränzje?", uuzten der Winters Jupp, wie hä sohch, dat sing Aanjetraute, et Helja, sich vörm Spejel vun vörren un hinge belo'te un singe neue Sommerhot zorääch röcken dät.

„Saach nit Hechelkränzje, dat ess e janz normal Kaffekränzje, wie et Fraue no ens hann. Do jeis jo och bei dinge Stammdesch", kräch hä zor Antwoot. „Ävver hück künns do sujar Räch hann", jov et no doch zo. „Et Anita hät nämlich för hück et Heukelhovens Ööschel met enjelade. Do weiß jo, wat dat för en Bätschmul ess. Villeich wäde mer ens widder jet Neues us der Nohberschaff jewahr."

Wie et Kränzje zesamme soß kom wie immer zoehsch die Frohch op: „Wat jitt et Neues? Wä hät jet ze verzälle?" Et Ööschel hatt sich keine Augenbleck jefrohch, wiesu it jetz beim Kränzje dobei wor. Em Jäjendeil! Dat it dobei jehoot wor jo selvsverständlich. Schleeßlich kannt it jo et janze Veedel am Beste un jehoot eifach heherr. Jewennt, tireck losszeschwade un dovun üvverzeuch, dat usser im suwiesu keiner jet Hörenswäätes vun sich jevve künnt, meldten sich och tireck ze Woot.

„Ehr kennt doch all et Breuers Dagmar, wat sich immer su nen Däu aandeit. Die huhpöözije Aap. Mer säht jo nit ömesöns: ‚Dommheit un Stolz wahßen op einem Holz.' Alsu meer persönlich ess dat jo ejal, ävver wie minge Leienad un ich neulich beim Leienad singem Stammdeschbroder Hennes op der Jebootsdaach enjelade wore, do hät dat jet vun sich verzallt, dat hälts de em Kopp nit us! Et hät sich natörlich su en Positur geworfe, dat im jederein zohöre moot. Alsu meer persönlich ess dat jo ejal, ävver ich hann mich bloß jefrohch, wie mer sich su blameere kann! Nit ohne Stolz en der Stemm verzallt et – jetz aapten et Ööschel et Dagmar noh:

‚Et ess jo nit esu, wie wann ich nix ze verzällen hätt. Em Jäjendeil, mänchmol kummen ich mem Denke jar nit noh, su flöck jeit ming Schnüss. Minge Papp saat en su nem Fall fröher immer för mich: 'Ding Schnüss, die jeit wie en Entefott.' Et Schlemms ess ävver, wann ming Schnüss esu flöck ess, dat ich se üvverhaup nit mem Jeheens koordineet krijje un Saache vun mer jevve, die ich ehschtens üvverhaup nit sage woll, un die zweitens kei Minsch höre well. Dat kann janz schön peinlich wäde.

De Wesseschaffler sage, dat wör psychisch, un die müssen et jo wesse. Su jet passet en Stresssitewazione. Et kann sin, dat mer zevill em Kopp hät, odder et passeet, wa'mer sing Jeföhle nit unger Kontroll hät, weil mer för e Beispill vun de Hormone bestemmp weed.

Meer ess su jet ens passet, wie ich noch e jung Mädche un janz ärch op ene Jung us dem Veedel wor. Hä wor ene staatse Poosch, bal einsnüngsich huh met enem Krüzz wie e Kleiderschaaf un met Muskele, als jingk hä jeden Daach en de Muckibud.

Ävver su jet jov et domols noch jar nit. Nä, bei mingem Schwarm, dem Hans, wor dat all vun Nator us. Hä hatt öntlich jet en de Maue, weil'e om Bau arbeiden dät un en singer Freizick och noch Ruderer wor. Ussinn dät'e wie ne Filmstar met singe blonde Locke un dä bletzblaue Auge, un eraan kom hä immer, wie us dem Ei jepellt.

Mer jingke zesamme en de selve Danzsschull. Mihtstendeils hatt der Hans ävver bloß Auge für et Molitors Marie-Luise. Mary-Lou leet et sich rofe, dat Schofsjeseech, un dät immer su mem Föttche waggele. De janze Junge lohchen im ze Föße. Natörlich och ‚mingen' Hans.

Eines Dachs ävver kom hä mich, stiefstaats wie immer, en singem schicken Aanzoch, doch ens zom Danze holle. Ich woodt föörrut em Jeseech un hann mich vör luuter Opräjung beim Danze su duselich aanjestallt, dat ich Trampeldeer im e paarmol op de Föß jetrodden hann. Dat woll ich dann durch e paar fründlije Wööt üvverspille un im jet Nettes sage. Ich weiß janz jenau, dat ich im eijentlich hatt sage wolle, dat hä en dem Aanzoch, dä hä immer drohch, su jot ussohch. Un? Wat hann ich jesaat? Ich Döppe hann jesaat: ‚Do häs och jede Woch derselven Aanzoch aan!'

Dä! Dat wor et dann. Ehr künnt üch secher vörstelle, dat dat et letzte Mol wor, dat der Hans mich zom Danze jehollt hät un us uns kei Päärche jewoden ess. Et Mary-Lou hät'e ävver och nit kräje!'

Wat saat ehr dann no zo dem Dagmar singem Verzäll?" Et Ööschel laat sich selvsjefällich en singem Stohl zeröck, wie wann et op Applaus waden dät. „Do hät dat duselije Dagmar doch verhaftich jemeint, met däm Verzäll künnt et bei de Lück Endrock schinde, die domm Schruut!"

Et Marjot wor et ehschte, wat et Woot nohm: „Alsu Ööschel, ich kennen et Dagmar jot, dat wonnt nevven uns. Un wann ich dat Verzällche höre, dann kann ich bloß sage: Et Dagmar ess e ech kölsch Mädche. Dat et dat verzallt hät zeuch nämlich vun der kölsche Mentalität, sich selvs op de Schöpp ze nemme un dann janz langsam falle ze loße. En Blamach ess dat hühkstens för dä, dä dat nit versteit!"

Et Ööschel fohlt sich natörlich nit aanjesproche. Im persönlich wor dat jo suwiesu ejal.

Der Strühwitwer

„No ess et Nies allt zwei Woche fott“, üvverlaat der Meiers Nelles, „un eijentlich wollt et jo diese Morje allt widder derheim sin. Un no ha'mer allt ovend. Wä weiß woröm sich die Reisejesellschaff verspätet hät?“ Hä maat sich e Zijärche aan, trok dreimol kräftich draan un bles der Rauch en Ringelcher us.

Versonne lo'ten hä dä Ringelcher noh un maat sich su sing Jedanke. „Off die Ringelcher noch irjendwo sin, wann ich se nit mih sinn kann?“, frohchten hä sich. „Kann sich üvverhaup irjendjet en ‚nix‘ oplüse? Wat wör vör e Beispill, wann sich sing Frau en ‚nix‘ opjelüs hädden un nit mih widder köm?“ Der Nelles wor allt immer einer jewäs, dä vill nohdaach un deswäje och vill woss. Am leevste dät'e ävver philosopheere, un wat dobei eruskom, moot sich et Nies dann aanhöre.

Jrad hück ävver, wo im widder su noh philosopheere ze Mot wor, wor et Nies nit derheim. Unjehalde schlohch der Nelles de nöhkste Rauchringelcher kapott. „Donnerkiel noch emol, wat muss dat domme Frauminsch dann och met singer Fründin en Scheffsreis maache!“ Wann et nit jrad en Scheffsreis jewäs wör, dann wör'e jo metjefahre, ävver om Wasser? Nä! Wasser hatt kein Balke, do künnt mer jo versuffe.

„Apropo versuffe. Wiesu hät et Nies eijentlich jester nit aanjerofe?“, jingk et im durch der Kopp, „däm weed doch nix passeet sin.“ Hä maat et Radio aan, villeich woodt hä jo do jet jewahr. En de Nohreechte saaten se ävver nix vun enem Unjlöck.

Jetz üvverschlohchen sich dem Nelles sing Jedanke: „Vielleich sagen die extra nix, weil dat Scheff jekapert wooden ess. Vielleich hann se mi Leckerche allt en Kette jelaat un et hät Ping un Angs, un ich ben nit do för ze helfe. Villeich ess dat Scheff ävver och ungerjejange, un der Sender weiß dat noch nit. Et Nies kann doch nit schwemme! Hoffentlich jitt et jenohch Rettungsboote. Bei der Titanic woren et jo och ze winnich. Die verdammte Scheffsreis! Un wann et mem Rettungsring em Wasser litt? Bei dä Temperatore? Et ess doch ießekalt. Dann weed et erfreere. Nä, mi ärm Nies, mi Fräuche, wat maachen ich bloß ohne dich?" De Trone stundten dem Nelles en de Auge.

Hä fing jrad aan sich selvs ze bedoore, do hoot hä der Schlössel en der Husdöör jonn. Et Nies kom eren. Noch ih et de Dachszick sage kunnt, fing hä tireck aan ze schänge. „Do domm Frauminsch! Do läävs? Wat rächs de mich dann esu op? Kunns de nit aanrofe? Weiß de eijentlich, wat do meer aanjedonn häs?"

Wie der Nelles sohch, dat si Nies in janz perplex aanlooren dät, beräuichten hä sich langksam widder un saat – bloß noch halv esu laut, ävver immer noch vorwurfsvoll: „Do kanns der jar nit vörstelle, wat meer all durch der Kopp jejangen ess." Met enem wihleidije Ton en der Stemm meinten hä ävver dann: „No jo, de Haupsaach ess jo, dat de jesund widder do bess. Un ich hatt esu en Angs! So, un jetz setz dich ens herr un hör mer ens zo!"

Su kann bloß ene Strühwitwer ligge.

Dobei sin ess et all!

En der Famillich woodt üvver de letzte Olympiad lamenteet: Dä, do wor et allt widder, dat iwije Thema Sport! Kaum hatt einer erwähnt, dat mer jo bal widder olympische Sommerspille hätte, dat wör jo nit mih lang, do jingk dat Jekühmps üvver de letzte Spille allt widder loss.

Et läuf zwor bes dohin noch vill Wasser der Rhing erav, ävver ne Jrund för sich opzeräje fingk mer jo, wa'mer well. Wä no meint, bes dohin hätten sich de Jemöter vun dä iwich unzefreede Sofakrüffer un Wonnzemmer-Athlete wal widder beräuhich, dä ess om Holzwääch!

Et Schmitze Jüngelein ress et Woot aan sich. Bei allem wat Sport aanjiingk, wor hä der selvsernannte Fachmann.

„Zojejevve, die ein odder ander Sportaat hädden bei de letzte Spille jot e paar mih Medallje för uns bränge künne, ävver loß mer doch ens ihrlich sin, ess nit jeder, dä et fäädich brängk, do metzekämpfe allt allein deswäje ne janz Jroße? Heiß nit der olympische Jedanke: Dobei sin ess et all?

Nemme mer ens der Schwoger Tünn. Dä wor immer ne jode Schwemmer, ävver su flöck wie der Biedermanns Päul, dä domols kein einzije Medallje holle kunnt, su flöck wor dä nit ens en singe beste Johre."

He meldten sich der Qallmanns Dei, ne aanjehierodte Neffe ze Woot. – Eijentlich heeß dä jo Bellmann. Sing Fijor wor ävver jet us de Angele jerode un su nannten se in e Levve lang Quallmann. – „Villeich hädden et jo die erwadte sechunachzich Medallje wäde künne, wann se ens de Diszipline wäßele däte. Wann et en kölsche Olympiade jöv, wo se för e Beispill widder Sackhöppe zoleete, su wie 1904 odder Seil-Klemme, su wie 1932, dann wör unse Steff secher bei der ehschte Sportaat janz vörre un der Ohm Severin beim Seil-Klemme.“

„Odder wat haldt ehr vun Ömmere schibbele?“, feel et Jüngelein dem Quallmann no en et Woot. Hä, als Fachmann, kunnt sich jo nit jot ungerbreche loße. Allt ens jar nit vun der nöhkste Jenerazijon! „Do wöre de ahl Kölsche de Beste! Wann ich för e Beispill aan ming Kinderfründin, et Friedche, denke, dann sinn ich dat beim Höppekässje om Siejertrappche stonn. Ävver su jet ess jo hückzedachs nit mih jot aanjesinn. Hück muss et all hüher, wigger un flöcker sin.“

Jetz worf hä sich en de Bruss, wie immer, wann hä meinte, hä mööt sing einzich wohre Meinung jroßzüjich wiggerjevve. „Wä wundert et do, dat mänch ene Athlet zo Meddelcher jriev, die im nit jot dunn, wo hä villeich sujar krank vun weed? Un kütt mer nit zwangsläufich op die Idee, der Kopp hädden jeledde, wann einer zwor eine Rekord nohm andere läuf, sich dann ävver opfö't, als hädden hä se nit all op de Pöl? Dat sin doch kein Sport-Spille mih, dat erennert mih aan Sport-Zwang. Dat hät nix mih vun: Dobei sin ess et all.“

Der Hannes, dä de janze Zick noch nix jesaat hatt, nötzte et us, dat et Jüngelein och ens Luff hole moot un saat op sing drüjje Aat: „Alsu do däte meer doch su en Diszipline wie Diabolo un Dilledopp-Schmecke besser jefalle. Wann ich mer ävver unse Nohber, der Klütte-Jupp, su beloore, dann wör dä bestemmp en sechere Bank för et Trappche, wann et Rhinotillexomenia als olympische Disziplin jöv. Do ess hä nämlich immer dobei. – Wie? Ehr künnt met su nem schwere Woot nix aanfange? Dann saht doch eifach Mömmes-Plöcke, su heiß dat nämlich op Kölsch.“

Uns Stroßefess

Wesst ehr allt et Neuste? Dat muss ich üch verzälle. Et ess widder Stroßefess bei uns en der Stroß! Alle zwei Johr, immer em Juli, ha'mer dat Verjnöje. Dat Fess weed immer vun de Limbachs un de Bergers orjaneseet. Dat sin zwei Famillije, die allt zick Puutezigge zesamme wonne un ene richtije Kruff eren metenein hann. Dat hann ich zwor nit met denne, ävver för ene jemötlije Klaaf blieve mer allt ens beienein stonn, wa'mer uns zofällich treffe. Vör e paar Daach hatten se widder Zeddele en de Breefkäste jelaat. Et Stroßefess woodt aanjekündich un Vörschläch jemaat, wat mer all för ze müffele un ze süffele bruche künnt. Op der Röcklauf sollt mer schrieve, ov mer köm un wann Jo, wat mer dann metbränge dät.

Der Hilarius Jöckmichnit, mer kennen in allt, ene Wittmann, dä och als kniestije Mömmesfresser bekannt ess, hatt als Ehschter singe Zeddel zoröckjejovve. Do stundt drop: „Ich kumme un bränge – ming Fründin met!" Beim letzte Stroßefess hatt dä ahle Hippelepipp sich och stekum verdröck, wie et dröm jingk, dat jeder singen Aandeil aan die Limbachs un die Bergers latze sollt, weil die et janze Jrillfleisch besorch hatte. Wie der ahle Bämm aan die jung Fründin jekummen ess, woss och keiner. Ävver wie mer weiß, och ene ahle Bock lötsch noch ens jän aan enem jröne Blättche!

Zwei Hüüser nevven dem Hilarius wonne jung Lück, die ehsch vör enem halve Johr enjetrocke sin. Die wollte för Allemann Tofuschnitzel un Müslistange för ze knabbere metbränge. Alsu hö't ens: Uns Stroß ess jo, wat et Esse aanjeit, jet altmodisch. He dät keiner dä ärm Vüjelcher et Foder kläue. Nä, beim Jrille jeit bei uns su mänche Karmenat vum Ferke odder en öntlich

Stöck Buchfleisch drop. Un dobei drinke mer e lecker Kölsch zesamme. Ich nemmen ens aan, die Tofuschnitzel un die Müslistange wäden die jung Lück wal allein esse müsse.

Usser dä Ökos sin ävver en der letzte Zick noch vill mih neu Lück heherr jetrocke. He wäde immer widder Wonnunge un Hüüser frei, weil die Ahle he fottsterve wie de Fleje. Dröm ess dem Dommbüggels Fään beim letzte Stroßefess e Malör passeet. Hä hät der Heukelhovens Leienad fründlich jefrohch: „Wie jeit et dann dingem Vatter?" Noch ih'e die Frohch janz usjesprochen hatt feel im en, dat dä e paar Mond vörher met Hundertunveer jestorve wor. Deswäje saat'e flöck hingendraan: „Eh, eh, ess, ess'e immer noch dut?"

No well ich jo nit behaupte, dat sich en unser Stroß jeder met jedem jot verdräht. Bei Jott nit! Dat künnt ehr üch jo denke. Et jitt och he un do ens Knies, un mer hann sujar en ahl Juffer, üvver die sich de janze Stroß de Mul zerrieß: Et „fukakich Marjänn" sagen se för die. Mänch einer nennt et Frömmlers Marjänn och en hellije Fott Angenis, weil et sich lammfromm de Kneen en der Kirch wundkrüff, söns ävver de weltlije Jelöste nit avjeneich ess. Un hingeneröm trick die ahl Schrumpel de janze Nohberschaff durch die zwei Zäng, die se noch en der Muul hät. Se ess verhaftich en Herrjottsdöppe. Zo allem Üvverfloss lo't dat schääl Minka och noch mem räächte Auch en de linke Westetäsch. Dem Marjänn singe einzije jode Fründ ess singe Möpp Bello. Met däm jeit et ävver nit bloß op et Strößje, nä, et jeit och biestich met im öm, su biestich, dat dat ärm Deer der janzen Daach bellt. Beim letzte Stroßefess ess dä Fifi sämplije Lück schwer op de Nerve jefalle. Bes minge Schäng en Idee hatt. Medden en dat Jebell saat'e för et Marjänn: „Dingen Hungk lüch!"

„Waaat?", schraatelten et Marjänn, „minge Bello lüch nit! Dä kann üvverhaup nit leje! Keine Hungk kann leje!"

„Endoch, dinge schon! Pass ens op!" Der Schäng lo'te der Bello scharf aan. „Bello, wie määt en Katz?" „Wau", maat der Bello. „Sühs de, wat hann ich jesaat? Dingen Hungk lüch!" Drop trok dat alt Schöckelpääd met singem Hüngkche beleidich av. Der Schäng schluckste vör Freud un laachte sich üvver singe eije, wann och ahle Wetz kapott. Un ich met! Ov et Marjänn dis Johr widder op et Stroßefess kütt, weiß noch keiner.

Ävver et flöcke Pastürche woll kumme. Dä weed esu jenannt, weil'e su flöck sprich, dat'e en Zehn-Minutte-Aandach en aach Minutte halde kann.

Hä hät allt zojesaat un well för jeder – ne Sän metbränge.

Ich ben jo ens op die neu Nohbere us Nummere drücksehn jespannt. Hoffentlich kummen die och, dann kann ich mich jo ens aan die eraan maache. Ich hann nämlich jehoot, die hätten en Feriewonnung op Mallorca. Villeich künnen die minge Schäng un mich ens enlade, en dem Huus Orlaub ze maache. Dat wör doch jet!

Auweih! Ich loore jrad op ming Ohr. Et weed Zick, ich muss mich zaue, schleeßlich muss ich jo noch der Äädäppelschlot parat maache för metzenemme. Jetz hann ich mich doch met üch verquatsch. Nä, ehr doot mich ävver och bloß ophalde!

Wo mer sich draan entsennt

Et Schmitze Lisbett hät dis Daach ens widder en ahl Böcher jekros. Dobei ess im ne Kitschroman us de zwanzijer Johre vum vörije Johrhundert en de Fingere jefalle. Do jingk et bloß dröm, wat et doch för jroßaatije Käls sin, die met Hurra en ene Kreech trecke. Der ehschte Weltkreech!

„Leever Jott!", daach et Lisbett, im feel et Datum en. „Ess dat allt esu lang herr? Jetz sin dat allt üvver hundert Johr herr, dat dä usjebrochen ess."

Weil et Lisbett suwiesu kein Loss hatt, dä Käu wigger ze lese, kom it en et Nohdenke. „Wiesu fällt einem immer tireck der 1. Weltkreech en, wa'mer aan der Aujuss Veezehn denk", frohchten et sich. „Dat am 15. vun däm Mond och der Panamakanal eröffnet woodt weiß villeich noch mänch einer, do jov et beim Bau jo och vill Dude. Ävver dat för e Beispill am 20. der Paps Pius X. jestorven ess, dat intresseet hück kei Minsch mih. Su ess et bei de Minsche: je opräjender un spektakulärer jet ess, ömsu besser erennert mer sich draan!"

Et Lisbett verzallt singem Schäng vun singer Jedanke.

„Dat litt doch op der Hand", jov im dä zor Antwoot. „Mer ess meddendren ohne jet avzekrijje. Ävver saach ens, Lisbett, ess dat eijentlich och esu, wa'mer ohne Johrzahl bloß üvver der Mond Aujuss nohdenke?"

Der Schäng hatt schings Föör jefange för dat Thema.

„Natörlich nit!", saat et Lisbett. Et jitt do zwor dä ein odder andere Namensdaach, wie Laurentius, Rosa, Ludwig un Alina, – wä su heiß, dä weed dat secher feere, – un et jitt am 15. Mariä Himmelfah't, do feere de Katelike, de Bayere hann sujar ne jesetzlije Feerdaach, ävver söns?"

„Mer fällt do jrad jet en“, woss no der Schäng ze verzälle, „wat hück och kei Minsch mih kennt: et Zint Pitters Kettefess. Dat däten se fröher am ehschten Aujuss em orahle Kölle un drömeröm feere. Do woodten de Stroße met Lauv un Kränz jeschmöck un op de Maatplätz woodte Föörcher avjebrannt, zo denne de Nohberschaff ehr janze verschlesse Plute beidrohch. Et erennerten draan, dat der Petrus em hellije Land un och en Rom en Kette jeläjen hät. En Lejend verzällt, wie die zwei Kette em 5. Johrhundert zesamme jekumme wöre, do wören se openander aan jesprunge, hätten sich enenein verklemmp un wören nit mih ze trenne jewäs.

Der Hermann von Weinsberg, ne kölsche Rotshär, dä em 16. Johrhundert jelääv un si Levve lang e Dageboch jefoh't hät, schriev üvver dat Fess, dat et junge Volk usjeloße durch de Stadt jerannt un üvver et Föör jesprungen ess un sich en de Baach odder Tränk jeworfen hät. Wie dat Fess vun der Stadt un och vun der Kirch verbodde woodt, hann de Kölsche dat trotzdäm noch lang wigger jefeet. Un hück? Hück weiß kaum einer dat et dat ens jov. Ess jo klor: Et wor jo och kei Sensaziönche un et jov jo och kein Dude.“

„Rääch häs de!“, saat et Lisbett, un der Schäng laat sich jenöchlich en singem Sessel zeröck. Su en lang Red hatt der söns su rähije Schäng nämlich allt lang nit mih jehalde.

Ne Sommerlochsverzäll

Der Meiers Nelles laat de Zeidung op Sick. Zick singer Krängde jingk hä jo nit mih su vill us dem Huus, ävver et Schwadroneere un vör allem et Dozeere, dat kunnt hä eifach nit loße. „Leev Nies", saat hä för sing bessere Hälfte, „mer hann Aujuss! Feriezick! Sommerloch! Dat bedück für de Flimmerkess un för de Zeidunge ‚Soor-Jurke-Zick'."

„Eja, Nelles, dat hann ich och allt jemerk. Derwiel em Schluffekinema et drücksehnte Mol de drette Widderhollung vun enem ahle Krimi läuf, ka'mer en mänchem Kiesblättche ahl Bekannte bejröße: Wann nit widder fünfmol am Daach vun ener schlemm Krängde em Ömlauf verzallt weed, hät he einer en Ufo jesinn un do einer der Schneiminsch Yeti persönlich jetroffe."

„Do häs de rääch, Leckerche, ävver der ältste un womüjjelich och der mihts jenannte Sommerlochsvertreter ess un bliev et Unjeheuer vun Loch Ness. Dat dat en Schottland levve soll, weiß jo bal jeder, ävver wo jenau Loch Ness litt un wat dat ess, weiß kaum einer. Wann se winnichstens dat noch schrieve däte, dann künnt mer bei all dem Stööz noch jet Neus jewahr wäde", nöttelten der Nelles. Hä moot schleeßlich zeije, dat hä et besser woss.

„För e Beispill künnten se schrieve, dat Loch Ness huh em Norde vun Jroßbritannie als zweitjrößte vun ville ‚Lochs', fünnef Kilometer weg vun Inverness litt, üvver 220 Meter deef ess, 37 Kilometer lang un anderthalve Kilometer breit. Un se künnte schrieve, dat ‚Loch' en der jälische Sproch suvill heiß wie Fjord odder Sie. Dä! No wesse mer allt jet mih!" Der Nelles strohlte us alle Knopplöcher. Hä hatt et widder jeschaff, si Fräuche met singem Wesse en singe Bann ze trecke. It hing aan singe Leppe un lo'te in voller Bewunderung aan.

„Welle mer no och wesse, wie alt et ‚Nessie' ess?" Die Frohch wor rein rethorisch. Der Nelles hatt nie vörjehatt, en Antwoot vum Nies avzewaade, die jov hä sich selver. „Et ehschte Mol woodt vun im em Johr 565 verzallt. Domols wollt it ene Schotte, dä met singem Böötche üvver der Sie jepaddelt ess, met Huck un Kahn verschlinge. Do kom ene Hellije, schlohch et Krützzeiche en de Luff un sproch e paar hellije Wööt. Domet hät dä et ‚Nessie' en de Juch jeschlage. Donoh hät mer bal dausend Johr nix mih vun im jehoot. En der Zeidung stundt dat riese Schlangendeer et ehschte Mol 1933. Zick däm jitt et och Fotos, die nohwieslich jefälsch sin, un de Lück reise ze Hauf dohin, för dat Unjeheuer ze belore. Wat för ene Jewenn för de Turismusindustrie!

Bes doch ens ihrlich, Nies! Wat muss dat för en alt Veh sin? Jitt et üvverhaup irgend jet, wat anderthalvdausend Johr lang lääv? Mööt et deswäje nit eijentlich e paar Nessies jevve, vun wäjen dem Nohwuchs? Un üvverhaup, ess et nit jeck, dat et bes 1933 jrad sibbe Bereechte vum Unjeheuer vun Loch Ness jejovven hät, bes hück ävver üvver veerdausend?"

Et Nies woll jet sage, der Nelles leet et ävver nit dozo kumme. „Wat jenau et Nessie för en Deer ess, weiß och keiner. Die eine spreche vun ener Sieschlang, die andere behaupte sujar, et wör en üvverichjeblevve Exemplar vum Plesiosaurier. Dä hät em Mesozoikum jelääv, un dat wor vör 180 bes 70 Millione Johr. Woröm su eine, bzw. em Bedarfsfall zwei, usjerechent em Loch Ness üvverlääv hann soll, sagen se ävver nit. Wann et doch stemme dät, mööt dann nit ein vun dä Unjeheuer jeden Daach jesinn wäde künne, weil die Plesiosaurier doch för et Odeme opsteije mööte?"

Der Nelles maat en Odempüsje. „Ich weiß et och nit." Dat zozejevve feel dem Nelles schwer, wie mer leich aan singem Jeseech sin kunnt. Deswäje zauten hä sich, wigger ze verzälle: „Ävver ich weiß, dat nit bloß der schottische Turismus sing Freud am Unjeheuer vun Loch Ness hät sondern em Sommerloch och de Jornallje." Jetz lo'ten hä si Leevje veschmitz aan un laachte: „Ich selvs hann üvvrijens och ming Freud draan, schleeßlich kunnt ich deer met im widder ens jet Intressantes verzälle."

Un et Nies? Dat schmeechte sich zefredde aan singe Joldfasan. „Wat wör ich bloß ohne dich!"

Hölp, Enbrecher!

Et wor wärm drusse un der janzen Daach schung de Sonn. Wat för en Jenöchde! De Terassendöör stundt wick op, der Sonneschirm wor opjespannt un klein Huusarbeide leeten sich wunderbar em Freie dunn.

Wie et bei ener Huusfrau usus ess, leef et Schmitze Lisbett ävver och aan einem Stöck trappop, trappav, erus un widder eren, un weil it ze fuul wor, de Enjangsdöör immer op ze schleeße, hatt et der Schlössel vun drusse dropjedonn. Et wor nen herrlijen Daach, un wie ovends et Tilefon schellte un et Lisbett met singer Fründin en janze Stund lang jeschwadt hatt, feel et hingerherr dutmööd en et Bett.

Am nöhkste Morje trof et Lisbett der Peffemünzschlaach. Et hatt am Ovend verjesse, der Huusschlössel avzetrecke, un de Terassendöör stundt och immer noch wick op. Tireck leef it durch de janze Wonnung für ze loore, ov jet fählen dät. Ävver alles lohch noch aan singer Plaaz. Jottsedank! Wann et de Enbrecher och persönlich enjelade hatt, se wore nit jekumme.

Dobei feel im en, dat sing Jroß ens verzallt hatt, wie ehr jet Ähnlijes passet ess. Se hatt eines naaks jemeint, Enbrecher ze höre. Mer muss wesse, dat de Oma en der Deepejass jewonnt hatt, un do kom dat met dä Enbrüch domols allt ens flöck vör.

Wie se alsu eines naaks ens secher wor, dat se Enbrecher jehoot hatt, weckten se der Ühm un scheuchten in de Trapp erav, för de Enbrecher ze stelle. Die woren ävver flöck fott, wie hä kom.

Dem Lisbett sing Oma hatt e Deensmädche, et Lina. Dat hatt si Zemmer en Trapp deefer un wor am schlofe wie die Enbrecher kome un hatt deswäje nix metkräje. Wä die ahl Frau Schmitz jekannt hät, weiß, dat die kein Rauh jov. „Die kumme bestemmp widder“, daach se.

Am nöhksten Ovend daut se dem Opa et Köchebeil un dem Lina et Fleischmetz en de Häng, scheckte se en ehr Zemmer un bläute inne en, bloß nit enzeschlofe un beim kleinste Jeräusch su flöck wie et jing noh unge ze laufe, för de Enbrecher ze schnappe. Sei selvs nohm sich et Nudelholz un satz sich en der Sessel em Zemmer nevvenaan.

Natörlich nickten se en, wor ävver flöck widder do, wie se koot noh Elf jet en der Köch scheppere hoot. Su flöck wie ehr ahl Bein et zoleete leef se, et Nudelholz wie e Schwäät för sich herr jehalde, erüvver. Et Lina stundt mem Metz bewaffnet allt do un maat en domm Jeseech. Der Ühm dät dat, wat'e am leevsten dät, hä schleef wie e Marmott. Der Enbrecher, dä de Oma un et Lina erwisch hatte, wor de Katz vum Nohber, die durch et offe jeloße Ovverleech en de Köch jekumme wor un jestere wal och om selve Wääch widder erus jelaufe wor. Se hatt beim Schnäuse de Kochpött trakteet un dobei dä Radau jemaat.

Jetz mooten beidse Fraulück hätzlich laache, un de Oma saat för et Lina: „Jangk erop, weck der Opa un saach, hä künnt wigger schlofe, meer hätten dä Enbrecher allt jestallt!“

Üvver dat Verzällche hät de Famillich johrelang jejriemelt. Dat der Opa nit besonders jlöcklich wor, ka'mer sich jo denke. Ävver et Schmitze Lisbett hät sich jefraut wie ne Schneikünning, dat et trotz singer leichsinnije Enladung vun jeder Aat vun Enbrecher verschont jeblevve wor. Och vun ener Katz!

Jeck, verrzäll ens

Der Immendorfs Jerrad, ene Lossmichjonn wie eine em Boch steit, schrömte mößijen Jangks lans de Jeschäfte op der Zülpicher Stroß. Eijentlich woll hä sich jo en neu Botz kaufe, et wor jrad Schlussverkauf. Do kräch hä secher jet Bellijes. Ävver su janz allein, ohne dat einer met loren dät? Nä, do hatt hä dann doch kein Loss vör. Un üvverhaup, sing Botz wor doch ehsch fünnef Johr alt. Se dät zwor aan der Fott allt jet jlänze un ungen am Saum jov et e paar Fransele, ävver „wä lo't meer dann allt op de Fott un de Bein?" daach hä. Hä künnt jo et Christien, die Frau vun singem Nohber Wellem ens froge, ov die met im jingk. Die hatte ne jode Jeschmack, dat kunnt mer am Wellem singer Kledasch sinn.

Un su schlufften hä wigger, worf ens ene Bleck en he dat Schaufinster un eine en do dat Schaufinster, sohch ävver eijentlich nix. Sing Jedanke hingken beim Nohber Wellem un däm singer Frau. Der Jerrad hatt de Rauh fott. Do kom op eimol jenau dä Nohber Wellem janz opjeräch op in zo un sproch in vun der Sick aan.

„Jerrad, Jerrad, dat ich dich he treffe. Ich hann evvens jet erlääv, dat jläuvs de nit."

Der Jerrad leet sich nit us der Rauh bränge: „Jeck – verzäll ens!"

„Alsu der Weinjartens Män ...".

Wigger kom hä nit. „Dä kunnt ich noch nie ligge!" ungerbrohch in der Jerrad jelangwielt un winkten av. „Un jetz ess'e dut, hann ich jehoot",

„Dat hann ich och jedaach, ävver plötzlich stundt hä vör meer! Ich wor der villeich vun de Söck! Stell der dat bloß ens vör. Do hälts einer för dut un dann steit dä plötzlich vör deer.“

„Do Jeck!“, braat der Jerrad bloß erus. Wann hä en Pief jehatt hädden, jetz wör se im us der Mul jefalle.

„Jo, vörrije Mond hät et noch jeheiße, hä wör dutstervenskrank un dann soll‘e jestorve sin.“ „Eja!“, brummte der Jerrad.

„Dobei weiß ich dat us ener janz sechere Quell“, lamenteete der Wellem no. „Dat hät mer et Christien verzallt. Däm sing beste Fründin ess nämlich en Arbeitskollejin vum Schwoger vum Män singer Schwester.“

„Aha!“, brummte der drüjje Pitter vun enem Jerrad widder.

„Un stell deer bloß ens vör, do steit dä metens vör mer, jesund un munter un brung jebrannt. ‚Wie?‘, hann ich för in jesaat, ‚Män, do bess et? Ich meine, do wörs dut. Un no sühs de su jot us un bess doch nit dut. All hann se verzallt, do wörs esu malat jewäs un dann jestorve.‘ Do säät dä doch för mich: ‚Dut? Woröm soll ich dut sin? Ich hatt doch bloß ene öntlije Schnops. Un dann ben ich för veer Woche noh Mallorca en Urlaub jefahre.‘ Sühs de Jerrad, un dat wor dä Jrund döför, dat meer der Män sulang nit mih jesinn hatte.“

No maat der Wellem e klei Püsje. Dann saat hä ärch verläje: „Un ich hatt allt aanjefange, en der Nohberschaff för ene Kranz ze sammele. Jetz kann ich bei de Lück vörbei jonn un denne dat Jeld widderjevve. Dat ess mer ärch peinlich. Wat sähs do dann no dozo?“

Der Jerrad moot nit lang üvverläje. Met singer Pädsrauh meinten hä bloß: „Do kanns de ens sin, wat der Män för e widderlich Frese ess. Immer määt hä einem ne Strech durch de Rechnung!“

Typisch Fraulück

Et wor aan enem schönen Daach Engks Aujuss, wie et dem Schmitze Lisbett ens widder en de Bein kribbelen dät. Immer wann et Wedder et zoliet, jingk et för si Levve jän spazeere. „Wie ess et, Schäng?“, krääch et si Altarjeschenk aan. „Et Sönnche schingk! Loß mer doch e Stündche durch der Stadtwald sträufe.“

Et leevs jingk et Lisbett jo met singem Schäng, dem jode Kääl, spazeere. Wann dä ävver kein Loss hatt, dann jingk it och allein. Hück hatt der Schäng ävver Loss. Ander Lück drevv dat schöne Wedder schingks jenau esu vör de Döör. Su kom et, dat dem Lisbett un dem Schäng, wie se su durch der Park flaneete, et Meiers Angenies us der Posssiedlung, ärmjepack met singer beste Fründin, dem Becker Klör bejänte.

Et Nies wor jo fröher och immer met singem Nelles ungewächs jewäs, ävver dä jeit, zick in em letzte Johr ens de Jesundheit em Ress jeloßen hatt, kaum noch vör de Döör. No jot, hatt sich et Nies jedaach, ich hann jo noch et Klör. Dann jonn ich evvens met däm jängele. Un munter wie de Schwalvtere, die em Fröhjohr widder unger ehren ahle Jivvel kumme, spazeeten die Zwei durch der Park un laachten un jiefelten wie et söns bloß jung Weechter dunn. Su komen se och dem Lisbett un dem Schäng entjäje.

„Na ehr Zwei“, bejrößten et Lisbett se. „Wat sidd ehr jot jesennt? Künne mer metlaache?“ „Och, mer spreche bloß jrad vum Koche un ameseeren uns üvver dat Jeseech, wat der Nelles immer määt, wenn et jet ze esse jitt, wat'e nit esu jän maach,“ laachten et Nies. „Dobei koch et Nies wirklich lecker“, saat et Klör. „Un backe deit et mindestens esu jot wie ne Kunditter.“

Dat wor et Stechwoot. Un typisch för Fraulück, wann se zesamme stonn, woodten jetz Rezepte usjetuusch. Bestemmp zehn Minutte woodt bloß üvver et Koche un backe jesproche, derwiel der Schäng e fründlich Jeseech maat un dobei si Jeweech vun einem Bein op et andere verlaat. Dann feel dem Lisbett en, vun singem Prummebaum ze verzälle, dä dis Johr esu voll hing, dat allt eine Ass avjebroche wor un it nit nohkom met koche un backe. „Deswäje hann ich uns jetz ne janze Haufe Mammelad jekoch. Eja, Prummemammelad, keine Prummeprüpp." „Prummemammelad hann ich och ens jemaat. Die maach minge Nelles ävver nit esu jän", ungebrohch it et Nies.

„Dann versöhk ens mi Rezepp. Der Schäng maach dat jän!" Et Lisbett lo'te singe Schäng aan, dä maat e fründlich Jeseech un wäßelte dismol zeröck vum andere Bein op et eine. „Do hann ich je ei Kilo klein jeschnedde Quetsche un Äppel met ener Tass Wasser un enem kleine Prisje Salz för weich jekoch", palaverten et Lisbett wigger, „dat janze durch de Flotte Lotte jedröck – et jeit ävver och mem Mixer – un dann zesamme met zwei Kilo Zucker odder met einem Pund Jelierzucker 2:1, jet jerevve Ingwer un ener Messerspetz Zitronensäure noch ens öntlich enkoche loße", verzallt et Lisbett wigger. „Wann dinge Nelles dat jenau esu jän maach wie minge Schäng, dann kanns de noch ne Schoss Orangelikör dobei dunn."

Et Lisbett jriemelte widder nohm Schäng erüvver. Dä maat immer noch e fründlich Jeseech un wäßelte widder vun einem Bein op et andere. Et Lisbett wor en singem Element un krääch jar nit met, dat der Schäng et langksam leid woodt. „Wann do de Mammelad dann heiß en Jläser fölls un för fünnef Minutte op der Kopp stells, kannst'e et kaum avwade, bes dat se kalt ess un mer de ehschte Botteramm domet probeere kann."

„Dat hööt sich jot aan, dat probeeren ich ens us," meinten no et Klör un hatt allt Jiefer op de Mammelad, „ävver probeer do och ens mi Rezepp: ohne Äppel, doför ävver met ener veedels Tafel schwatze Schukelad op et Kilo Prumme."

Su jingken de Rezepte hin un herr. Och et Nies drohch si Deil dozo bei, un der Schäng, dä jode Kääl, maat immer noch e fründlich Jeseech. Och noch, wie die drei usenein jingke un et Lisbett janz verjesse hatt, dat hä bei im jewäs wor. It hatt et jetz verdammp ielich. It woll janz flöck dat neue Rezepp usprobeere. Der Schäng hatt et verjesse. Och dat ess typisch Fraulück. Wie der Schäng heim kom wor si Jeseech nit mih janz esu fründlich.

Och der Hervs hät schön Däch

Et Schmitze Lisbett stundt am Finster un belo'te sich et Jädche. „Wie flöck sich doch en de letzte Däch der Jade verändert hatt", daach et. „Hä setz sich durch, der Hervs. Hä ess ene staatse Jesell!" Et Lisbett kom widder ens en et Senneere.

„Meer kütt'e mänchmol esu vör, wie e Mannsbeld, wat sing Levvensmedde allt üvverschredden hät. Beids werfen se sich en de Bruss un zeije sich sonnich. Se hann noch Enfloss op de Temperatore! Der Hervs beim Wedder un et Mannsbeld bei de Fraulück. Dä eine zaubert bungkte Färve aan de Bäum un Strüch un liet de Nator wie jeschmink ussinn, dä andere deit et im jlich."

Et Lisbett hatt ens widder sing philosophische Oder un do leet et sich dann nit bei us der Rauh bränge, och nit vum Breefdräjer, dä jrad schellen dät. Et reajeete nit op et Klingele, sollt dä doch die Poss en der Breefkaste werfe!

It seneete wigger: „Wann ene Mann vun, sage mer ens üvver fuffzich, noch ens wellmödich weed, dann jitsch im et Blot en der Kopp, un hä kann et fädich bränge, dat sich singetwäje allt ens e Frauminsch opkladunjelt wie e Tralljepääd. Beids ess et schön aanzesinn. De Nator, wann se met de Färve bloß esu öm sich schmieß jenau esu wie e Päärche, wat en de Johre jekummen ess un fresch verlieb us alle Knopplöcher strohlt.

Wa'mer weiß, dat dat Woot ‚Hervs' met dem latingche ‚carpere' verwandt ess un eijentlich ‚plöcke' bedück, dann fällt einem der Verjleich ehsch rääch en de Auge. Wä, ejal ov Mann, ov Frau, liet sich em vörjeröckte Alder nit noch ens jän plöcke?

Met der Zick kritt der Hervs ävver dann doch köhlere Däch. Och et Strühföör bei de Minsche köhlt av. He weed et Wedder uselich un et ränt, dat et sief, do wäden de Deere, met denne et Leevje benannt weed, immer jrößer. Us enem kleine Müsje weed en ahl Koh, un us dem Bärche weed der Ohß. En Zick lang dunn se beids noch kämpfe, ävver dann muss der Hervs en enem Minschlevve su jot wie dä en der Nator sich doch jeschlage jevve.

De Bäum wäde kahl wie de Köpp vun de Käls un de letzte Blome verblöhe. De Fraulück jeit et wie de Ruse: Ih dat se verwelke rüchen se am stärkste!

Un wat kütt dann? Der ehschte Jedanke ess: Kält! Ävver hät su ne Späthervs nit och si Jots?

Wärm aanjetrocke liet mer et beim Spazeerjängelche unger de Föß raschele, wa'mer extra durch dat avjefalle Lauv läuf, wat sich op de Stroße en der Sot jesammelt hät. Et wäde bungkte Blädder, Nöss un Kuschteie opjeraaf. Un ener wärm Stuvv derheim knuv mer bei nem Köppje Trus odder enem Tässje heiße Tee Hervkränz un Deschschmuck.

He sin de Nator un de Minsche och widder jlich", daach sich et Lisbett. „Mer bruch bloß de Auge opzemaache, dann fingk mer aan jeder Johreszick jenau esu wie aan jedem Alder jet Schönes."

No woodt et och jewahr, dat die Schellerei sich draan heelt. Et hoot un hoot nit op ze klingele. Us singe Jedanke jeresse maat et de Döör op. Do stundt singe Schäng siefnaaß om Dörpel. Et hatt plötzlich aanjefange ze räne, ohne dat et Lisbett dat metkräjen hädden. Der Schäng fing tireck aan ze schänge: "Leever Jott noch! Wat ließ de mich dann he esu lang stonn? Ich hann der Schlössel verjesse, un Do dräums leever vör dich hin als meer de Döör opzemaache, do Duseldeer!"

„Su ess dat evvens", daach et Lisbett. „Fröher wor ich et ‚Leckerche', un hück ben ich et ‚Duseldeer', weil ich et Schold ben, dat der Schäng singe Schlössel verjessen hät! No jo, uns Ih ess jo no och allt em Hervs aanjekumme!"

Der späte Jebootsdaachsbreef

Der Frielingsdorfs Neres soß aan singem Schrievdesch. Hä moot endlich ens oprüme! Do feel im ne verjesse Breef aan singe Fründ Manes en de Häng. „Och Jott, der Manes“, daach hä un hä satz sich tireck draan, för ne neue Breef ze schrieve.

„Leeve Manes, minge beste Fründ us Puutezigge. Ich setze he aan mingem Schrievdesch, weil ich dä eijentlich endlich ens oprüme well. Do kenns jo ming Unodenung: Links ene Haufe, rääachs e Päckelche, hingen dat, wat nit esu ielich ess un medden dren all dat, vun däm ich em Momang nit weiß, wohin domet! Ach jo, un dann jitt et e bessje links vun der Medde – et kann ävver och e Fitzelche rääachs vum hingere Haufe sin, all die Enladunge – mihtstens lang üvverfällich –, Nohreechte un Neuichkeite un ahl Breefe, op die ich noch kein Antwoot jejovven hann.

No hann ich, ihrlich jesaat, nit esu ne richtije Drev för opzerüme. Ich looren am Finster erus op ene klore deef blaue Himmel un denke, dat mer allt lang nit mih su ne jolde Hervs hatte wie en de letzte Däch. Un ich setzen he un ben Schrievese am zorteere, anstatt e Stündche aan de Luff ze jonn. Ävver et muss sin.

Dä, do weed et mer op eimol heiß un kalt. Ich halden ene Ömschlaach en der Hand, dä ding Adress vun vör enem halve Johr dräht. Dinge Jebootsdaachsbreef.

Do hatt ich doch verjesse, dä en der Breefkaste ze däue. Dobei hatt ich en met su vill Jeföhl jeschrevve, weil mer jo och allt immer su vill aan deer jeläje wor.

Ich hatt jewoss, dat ding Jesundheit nit esu rääch woll un jeschrevve, dat ich deer sämplije Dume un och de decke Ziehe dröcke dät, domet et deer bal widder jot jeit. Bes mer nit kott, Manes, ich weiß, dat ich dich jo och hätt aanrofe künne, för deer jet Truus ze jevve. Jetz deit et mer ärch leid, dat ich dat nit jedonn hann. Ävver ich ben bloß mingem dächlije Trott nohjejange un hann nit wigger üvver dich nohjedaach, leider!

En dem Breef hatt ich dich och draan erennert, wat mer fröher doch för en Hanakereie meteinein jedrevven hann un wievill mer zesamme jelaach hann. Weiß de noch, wie de dat huhpöözije Dreesens Ingrid ens su op de Schöpp jenommen häs, dat dat Rotz un Wasser jekreschen hät? Do hätts dich bestemmp üvver der Breef jefraut, wann do dä op dinge Jebootsdaach jekräjen hätts, och weil ich dovun verzallt hann, wie do eines Dachs... . Och wat, woröm soll ich deer dat jetz all noch ens schrieve, ich läjen deer dä Jebootsdaachsbreef eifach bei he dä neue dobei.

Su, no schrieven ich in noch ze Engk, un dann trecken ich mich aan un jonn jet vör de Döör, dat schöne Wedder jeneeße. Bei der Jeläjenheit kummen ich dann bei deer vörbei un brängen deer der Breef. Ich brängen in natörlich aan ding neu Adress: Ööscher Stroß 204, Malote. Ich läje in op dinge Hüvvel un stechen deer e Käärje aan, dat de in och fings. Hoffentlich jeit et deer jot, do, wo de jetz bess.

Ich blieven immer dinge beste Fründ,

Dinge Neres“

Butz widder Butz

Keiner hät sich selvs jemaat. Jeder ess, wie'e ess! Wann einer e Schinnohs ess, dann bliev'e e Schinnohs, un wann einer ne patente Kääl ess, dann bliev'e dat och. No heiß dat jo nit, dat e Schinnohs kein jot Sigge odder dat ene patente Kääl nit och sing winnijer jot Sigge hädden. Su, wie för e Beispill der Bolders Jupp. Hä wor selvs allt nen älderen Här, ävver wann in einer aansprohch: „Här Bolder, künnt ehr mer ens aanpacke? Ming Täsche sin esu schwer", dann packten hä tireck zo. Hä nohm och dem Possmann de Pakette för de janze Nohberschaff av, un wann se nit avjehollt woodte, dann braat hä se ovends bei de Lück vörbei.

Met der Zick woodt et för der junge Helmers, dä sibbe Hüüser de Stroß erav wonnen dät un off jet em Internet bestallt, selvsverständlich, dat der Bolder schelle kom, wann hä widder ens e Pakett för in aanjenommen hatt. „Wat soll ich dat avholle jonn?", saat sich dat Schinnohs. „Der Bolder ess Rentner, dä hät mih Zick wie ich, und hä deit et jo jän! Usserdäm deit im dä kleine Spazeerjangk secher jot." Un der Bolder drohch wigger de Pakette rund, och bei der junge Helmers, dä hä allt als kleine Puut jekannt hatt, wie'e noch bei singem Vatter op de Scholdere riggen dät. Dat wor ein vun dem Bolder singe jot Sigge. Wann hä ävver ens irjend jet nit woll, kunnt hä drop un derwidder leje. Hä wor öm kein Usred verläje. Met de Johre hatt hä de Lejerei deraat kultiveet, dat'e sich mänchmol selvs jläuven dät, un de Lejerei su zo singem zweiten Ich woodt, evvens zo singer winnijer jot Sick!

Eines Dachs, der Bolder woll jrad fröh morjens enkaufe jonn, do sohch hä der junge Helmers mem Auto kumme. „Secher fäht'e op de Arbeit", daach sich der Bolder un winkte im zor Bejrößung zo. Dobei hatte nit richtich opjepass, letschten üvver en Bananeschal us, feel de Längdelang op et Trottewar un stoss sich dobei der Kopp esu unjlöcklich aan enem Latänepohl, dat'e för ne koote Momang fott wor. Metens fohlt hä, wie im einer beim Opstonn helfe woll un erkannt der junge Helmers.

„Danke, danke, meer ess nix passeet!", saat der Bolder flöck. „Et jeit allt widder."

„Sidd ehr secher?", frohchten dä junge Nohber besorch. „Soll ich üch nit leever en et Spidol fahre?"

„Bloß nit!", wehrten der Bolder av. „Wäjen su nem Futz jonn ich doch nit en et Spidol."

Weil der junge Helmers ävver nit locker leet worf hä sich en de Bruss: „Meer deit doch noch nit ens jet wih! Un üvverhaup, do hinge kütt jo minge Enkel. Dä weed sich allt öm mich kömmere."

Der junge Helmers woss jo nit, dat der Bolder in – un sich selvs – belejen dät, un wann'e och keiner kumme sohch jläuvten hä däm ahlen Här doch un satz sich widder en si Auto. Wie hä beim Aanfahre noch ens ne Bleck zoröck dät, sohch'e, dat dä widder zesammejesack wor.

Wie der Bolder widder zo sich kom hoot hä wie vun fäns Musick vum Mozart un sohch öm sich eröm bloß wieß. En Fijur met wieße Flöjele schwävten öm in eröm. „Ben ich em Himmel?", frohchten hä sich. „Wiesu hann ich dann dat Jeföhl, dat mer der Kopp am platze wör. Auwih, wat hann ich en Ping!" Hä maat de Auge widder zo.

Wie'e se op eneus opmaat lo'ten hä en e fründlich Jeseech, un en jenau esu fründlije Stemm saat: „Aah, do sidd'er jo widder. Ne kleinen Augenbleck noch, dann jevven ich üch jet jäjen de Ping!"

„Wo ben ich he? Ben ich em Himmel?", frohchten hä jetz. Do lo'ten in de Schwester Nixnötzia ärch streng aan un saat för in: „Nix do! Domet doot ehr jefällichs noch e Püsje wahde. Ehr sidd he em Spidol. Ävver wann öre Enkel üch nit esu flöck heherr jebraat hädden, dann wört ehr jetz villeich wirklich em Himmel."

Dem Bolder brummten der Däts. Irjend jet en singem Jeheens hatt der Latänepohl kapott jemaat. Hä woss nix vun enem Enkel. Su ärch hä sich och der Kopp zerbrohch, hä wor sich secher: Hä hatt jar keine Enkel! „Minge

Enkel?", frohchten hä no de Schwester. „Eja!", saat die. „Dä sitz drusse. Ich schecken in eren."

Kaum wor se drusse, jingk de Döör widder op, un eren kom der junge Helmers. Dem Bolder woodt et plümerant. Tireck feel im widder en, dat'e dä junge Mann belogen hatt. Hä woodt knallrut em Jeseech. „Minge Enkel?", frohchten hä verläje.

„Sidd mer nit kott, Här Bolder, ävver ich moot dat sage, söns hätten die meer doch he nix jesaat."

„Leever Jott!", dem Bolder schlohch der Plaggen en, wie singe Bleck op de Wandohr feel, „Et sin jo allt halver zwölf! Hatt ehr mich heherr jefahre? Wort ehr de janze Zick he? Mutt ehr nit arbeide?" Jetz fing'e vör luuter Verläjenheit aan ze schänge. „Hadd'er nix Besseres ze dunn, wie he bei nem ahle Kääl de Waach ze halde?"

Der junge Helmers moot laache. „Sin dat nit jet vill Froge op eimol? Alsu ehschtens: Jo, ich hann üch heherr jefahre, schleeßlich kunnt ich üch jo schlääch op der Stroß lijje loße. Zweitens: Jo, ich wor de janze Zick he. Drettens: Jo, ich mööt eijentlich arbeide, hann ävver en der Firma Bescheid jejovve un veetens: Nä, ich hann nix Besseres ze dunn, ich ha'mer nämlich enen Daach Orlaub jenomme."

„Dat kann ich üch doch niemols widder jot maache, Här Helmers", flösterten der Bolder met enem schläächte Jewesse.

„Dat mutt ehr och nit. Ehr hatt allt esu vill för mich jedonn, jetz wor ich och ens aan der Reih. Butz widder Butz! Wann ehr mer ävver ne Jefalle dunn wellt, dann saht doch widder Christoph för mich, su wie fröher!"

„No jo, Christoph", der Bolder streckten im de Hand hin un jriemelte, „Wo de jo no minge Enkel bess, dann saach do ävver vun hück av Opa för mich odder noch besser: Jupp. Dat dät mer jefalle!"

Hervsjedanke

Nohdenklich soß der ahle Lammerts am Finster vun singem Jadehüsje un lo'ten erus. Si Schreberjädche em Jadeverein „Kletterrose“ wor singe janze Stolz. Opjerümp sohch et us. Hä hatt öntlich jet aan de Jäng jehatt un no wor alles parat. Der Winter kunnt kumme.

Der Lammerts daach, wie schön et wör, dat de Sonn hück schingen dät, un dat en bessje Sonn jot för sing ahl Knoche wör. Hä schnappten sich en Wolldeck un satz sich, wärm enjeweckelt, op singen waggelije Jadestohl en de Sonn.

De Schruve vun däm Stohl wollt'e och allt immer ens nohtrecke. Ov et sich noch luhne dät, odder ov hä singe Jade bal avjevve moot? Dat köm im ärch aan. Hä wor allt üvver de Achzich, sing Bein wollte nit mih esu, un der Rögge dät sich och biestisch jäjen de Jadearbeit wehre.

Met jet Wihmot feel im en, dat hä selvs evvens jenau esu e Stöckelche vun der Nator wor wie de Bäum un Strüch. Der Hervs hatt sich bei im jenau esu öntlich bemerkbar jemaat wie em Jade. De mihtste Obsbäum hatten allt nackelije Äss un Zwijje, bloß der Quittebaum stundt noch voll em Lauv, wann och de Blädder all brung un jäl wore. Ne Wind kom op un fäächten dat ein odder andere Blatt erav. Em Appelbaum, dä wie e Jespens sing nackelije Äss un Zwijje en der Himmel hovv, janz bovven huh schöckelte noch en einzel Blatt em Wind. Et woll ävver partu nit erunder kumme. Dann hoot der Wind op un de Luff woodt widder stell.

Dat ess wie bei de Minsche, senneeten der Lammerts. Wann se en der Hervs vum Levve kumme un föhle, dat et Alder singe Tribut verlangk, jevven mänche tireck op. Su wie de Bäum ehr Blädder avwirfe. Andere, wie dat Blatt bovvenhuh em Appelbaum, klammeren sich met der letzte Kraff am Levve fass, un widder andere hann schingks et iwije Levve jepaach.

Zo der letzte Zoot Minsche zallt der Lammerts sich selvs. Hä verjlech sich mem Quittebaum. Bloß nit ze fröh de Blädder falle loße! Zwor hatt'e, besonders morjens, immer mih Moläste met singem Knochejerämsch, ävver wann hä der Schreberjade no doch opjevve moot, weil et nit mih jing, dann dät'e sich evvens met jet anderem beschäftije. Singe Wahlsproch wor: Et ess nih ze spät, för ene neuen Aanfang.

Wie der Lammerts sich jenohch jeräss hatt stundt hä op, för et Lauv, wat der Wind op de Wiss jeblosen hatt, fottzefäje. It lijje ze loße dät dem Rase nit jot. Do sohch hä am Rand, unger e paar ful Blädder, jet Blaues erus spinkse. „Och, en Ihrepries, wie schön. Wat ich immer sage“, kom et im en der Kopp, „wann dem Ein si Levve vörbei ess, fängk en ander aan.“

Wie hä do su jeböck stundt un met enem Jriemele em Jeseech dat Blömche belo'te, feel im, ohne dat et ne Windstoss jejovven hätt, et letze Blatt vum Appelbaum vör de Föß.

„Et Levve jeit wigger“, daach der ahle Lammerts, „un eines Daachs wäde widder neu Blädder kumme“.

Et jeit drop aan!

Em Ferkeskopps Mia singem Jemöskrömche jov et allt lang nit mih bloß Jemöß. Zick et sich mem Schlemmermeiers Chrestian jet enger zesamme jedonn hatt wor et opjeblöht. Och der Chrestian wor wie verwandelt. Hä verjoß sing iwije Kühmerei, holf fließich em Jeschäff met un entweckelte sujar Jeschäffssenn. Su kom et, dat et Jemöskrömche met der Zick jejange wor un och e paar ander Saache, för e Beispill jet för ze schnäuse un ze schnuppe aanjebode woodte. Et Mia hatt sich och aan der Supermaat us der Nevvenstroß aanjejliche un hatt – wie dä – allt aanfangs Oktober et Chressdaachsjebäck en der Uslaach.

Et Jebrassels Katring, wat, wie mer allt wesse, jot ze Foß unger der Nas un deswäje bal esu breit wie huh ess, kom eren un leet keine Bleck vun dem Sößkrom.

„Enä! Nä! un noch ens Nä!", saat et för et Mia. „Ich halde mich zeröck! Et ess jo nit esu, als wann uns der Stollen un der Spekelazius em Supermaat en der Sölzburchstroß nit allt zick Aanfang September draan erenne däte, dat et och dis Johr widder e Chressfess jitt. Do hann ich bes hück ävver standhaff draan vörbei jelo't. Wie dann veezehn Dach späder och noch der Marzepan un der Schokoladebaumbehang dobei kom, woodt et Fottloore allt jet schwerer. Trotzdäm hann ich mer jesaat: Et weed fröhestens Engks November üvver et Fess nohjedaach un vörher och nix jeschnupp."

„Rääch häs de, Katring", jov et Mia zor Antwoot. „Ävver ich muss et jo aanbeede söns läuf mer de Kundschaff fott. Dat met dem Schnuppe vun Chressdachskrom kann ich janz jot durchhalde, do hann ich jo och selvs

Enfluss drop. Janz anders ess et ävver met dem Drüvver-Nohdenke! Spädestens vör drei Woche flatterte bei meer der ehschte Köttbreef en et Huus. Immer, wann et op de Feerdäch aanjeit, weed jehäuf jekött. Et jitt kaum en Institutzijon, die nit e Schrieves met enem Bildche vun enem joldije Panz met Trone en de Auge odder vun ener usjemerjelte Mamm met enem jenau esu usjemerjelte Babaditzje om Ärm scheck."

„Eja", saat et Katring. „meer krijjen och dauernd su en Köttbreef. Un dobei – och wie nett – hann se de Üvverwiesung tireck usjeföllt. Sujar unse Name steit allt drop. Do krijjen ich jo us zwei Jründ de Bejovung: Ehschtes weiß ich selvs wie ich heiße un kann och en Üvverwiesung, wann ich dat well, selvs usschrieve, un zweitens föhlen ich mich un ming Jeföhle usjenötz."

„Su ess et, Katring, do sähs de jet." Et Mia nickte su ärch mem Kopp, dat sing Frisur usenein jereet.

„Bloß weil einem beim Jedanke aan et Chresskind et Hätz opjeit, soll einem och der Büggel opjonn! Als wann de ärm Lück nit et janze Johr üvver Hunger hätte. Alsu ich för mingen Deil, ich helfe jän. Et määt mer eifach Freud, andere en Freud ze maache, ävver dann, wann ich et för richtich halde, un nit bloß weil et op Chressdaach aanjeit.

Ich hann för mich beschlosse, dat ich et janze Johr üvver he un do ens jet spende un vör allem, dat ich och för ming tireckte Nohbere do ben, wann se mich bruche. Ohne Jedanke aan de Zick stonn ich natörlich bei Natorkatastrophe, wann immer se vörkumme, tireck parat. Och för Lück, die us Kreechsjründ ehr Heimat verloße müsse un kei Derheim mih hann, ben ich do. Do denken ich mänchmol: Wann bloß jede einzele vun uns Kölsche fünnef Euro jevven dät, dann wören dat fünnef Millione Euro! Do wör dä Lück allt jot met jeholfe."

„Su sinn ich dat och, leev Mia. Un deswäje darf mer sich als Luhn dann och allt vör der Adventszick e klei Fitzje Chressdachskrom jünne. Jevv mer ens jet vun dem Baumbehang un jet vun der Schukelad un e halv Pund Spekelatius un ene Stolle!"

En lang Zick

Ich wor jrad opjestande, reckte un streckte mich för öntlich en et Jewatt ze kumme un üvverlaat, wat ich dann hück alles vör hatt. Do feel minge Bleck op et Kalenderblättche. 10. Oktober! Do wor doch jet! Un dann feel et mer wie Schuppe vun de Auge un met enem Jriemele fing ich et Senneere aan.

Hück sin et allt üvver fuffzich Johr herr, dat ich in et ehshte Mol janz fass aan mich jedrück hann. Ich weiß noch jot, wie ich in immer widder jebütz hann. Ich hatt dä dringende Wunsch in jedem, dä meer üvver der Wääch leef, zeije ze welle.

All mooten se sich met meer üvver mi Jlöck freue. Ich kunnt keine Bleck vun im loße. Jede neue Bleck op in braat mi Blot allt widder zom Koche un mi Hätz zom Klabastere. Ich weiß, dat hööt sich jet üvverdrevve aan. Trotzdäm ben ich secher, dat et de mihtste vun üch jenau esu jejangen ess, wie ehr et ehschte Mol hatt sage künne: „Dat ess'e! Endlich!"

Zojejevve, hückzedachs süht'e noch besser us wie domols. Domols wor si Ussinn nit dat, wo mer stolz drop wor. Em Jäjendeil, vill ze weich un och jet färvloss. Ävver ich wor bes üvver beidse Ohre verknallt un stolz wie ne Pädsköttel, dat ich in kräjen hatt. Schleeßlich hatt ich mer jo och Müh jejovve un wochelang jekämpf för draanzekumme. Su eifach wor dat jar nit jewäs. Mänch einer, dä jenau esu scharf drop wor in ze krijje, ess jescheitert. Jot, bei denne hät et dann villeich en ander Mol jeflupp, un se woodte och esu jlöcklich wie ich. Ävver ich hatt in jetz!

En all dä Johre, die mer no zesamme sin, wore mer nit einen einzije Daach jetrennt. Hä hät mich un ich in nie em Ress jeloße. Wat för en lang

Zick! Wat wor en dä Johre nit all passeet? Uns zwei jroße Parteie hann sich en der Rejierung e paarmol avjelüs, un de mödäne Technik hät nit met neu Errungenschafte jejeiz. Ich denke do för e Beispill aan de Spölmaschin, de bungkte un zoletz och dijitale Äujelskess, der Computer un et Handy, wat hück och bal jeder si Eije nennt. Minsche, die hück en jroße Roll en Pulitik odder Weetschaff spille, woodte domols ehsch jebore. Ander Minsche, die domols huh jeaach wore, sin hück entweder verjesse odder mer kennt jrad noch ehr Name. Widder andere sin lang dut, wäden ävver och noch en hunderte vun Johre ne Name hann, wie unse ahle Kunrad, der Adenauer, för e Beispill. En all dä Johre ess vill passeet, ävver ich ben immer noch met im zesamme. Un weil meer noch nie jetrennt wore kann ich secher och en su ner unräuhije un flöcke Zick wie hück met nem räuhije Jewesse dovun usjonn, dat mer no och för der Ress vun mingem Levve zesammeblieve. Och wann'e met der Zick e paar Fleckelcher odder besser jesaat Pünkelcher kräjen hät, hangen ich immer noch aan im, aan mingem Lappe, mingem Föhrersching!

Der Wingmond

Der Schmitze Schäng wor ene Jeneeßer. Su des Ovends e jläsje Wing – odder zwei, dat wor et sing! Och hück widder. Hä hatt met singem Lisbett, wie aan jedem Wochenengk, der Jroßenkauf jemaat. Die schwer Saache leet hä sing Frau jo nit schleppe, dat dät hä! Deswäje hatt hä sich hück och si Feerovendjläsje besonders verdeent. Hä laat sich jenöchlich en singerm Sessel zeröck un drihte si Wingjlas en de Häng.

„No ha'mer widder der Wingmond!", saat hä för et Lisbett un beloote zefredde der Wing en singem Jlas. „Wat för ene schöne Name för ne Mond, dä dem Wing zojesproche weed." E bessje winnije zefredde meinten hä dann: „Hückzedachs sage mer jo bloß Oktober. Wat säht uns allt su ne profane Name. Wa'mer sich ens fröhch, wo dä Name herrkütt, weed einem klor, dat der eijentlich jar nit mih stemmp. Schleeßlich bedück hä jo, dat'e der aachte Mond em Johr ess."

„Dat ess jo juxich", meinten et Lisbett. Der Schäng hatt et widder ens jeschaff, dem Lisbett si Interesse ze wecke. „Weiß do wiesu dat esu ess?"

„Eja, dat weiß ich", saat dä stolz. „Dat wor'e ens zo Römerzigge su, weil do et Johr ehsch em Määz aanjefangen hät. Wie se dann die zwei Mond noch dovör jesatz hann, blevven denne ehr Name eifach wie se wore. September, wat der Sibbente heiß, ess jo hück och der nüngte Mond, un November un Dezember bedüggen eijentlich nüngte un zehnte Mond. Nä, Wingmond jefällt mer för der Oktober besser, säht'e doch winnichstens jet Räächtes us."

Jetz fing der Schäng aan ze schwärme. „Wa'mer sich der Name ens op der Zung zerjonn liet, künnt mer allt e bessje besäuselt wäde. Do künnt mer doch jlatt Jiefer krijje. Die ahl Boore, die fröher en Kölle un drömeröm jelääv un hanteet hann, kannten för der Oktober och noch der Name Ädäppelsmond."

„Eja, dat kennen ich och noch“, feel et Lisbett en. „Alsu, dobei krijjen ich jlatt Kennwasser. Jrad esu wie do beim Wing. Wat hann ich als Puut de Ädäppelsferie mem Knolleföörche am Engk jeneeße künne, un wat si'mer bei de Boore Ädäppele kaaschte jejange, wann die de Felder avjeerntet hatte. Jo, un der Knolleball, dä se mäncheroots hück noch avhalde, maachen ich och jän met, wann ich die Jeläjenheit krijje.“

„Nä“, saat de Schäng un lo'ten si Altarjeschenk lus aan, „do si'mer ävver de Winzerfeste noch leever. Doför schnappen ich meer dich, mi Leckerche, un fahre met deer allt ens jän e paar Kilometer der Rhing erop. En Kölle selvs weed jo keine Wing mih aanjebaut, su wie fröher, wie de ahl Stadtmoor noch stundt. Jo, un wann doch, dann ess et hühkstens ene sooren Hungk, dä einem de Löcher en de Strümp zesammetrick.

Ävver saach ens Leevje, wann de et allt nit esu mem Wing häs, mer kennen doch noch en ander Frooch, die eng met unsem Mond zesammehängk: der Kürbis!“

„Eja“, laachten et Lisbett, „bes vör e paar Johr lohch dä noch, wat der Verbrauch aanjeit, deef un fass em Bekanntheitsschlof. Dann hät sich he bei uns Halloween immer mih breit jemaat, leider, wie ich för mingen Deil sage. Do wäde Kürbisse för jebruch för Fratze dren ze schnigge. Jet Jodes kom do ävver och bei eröm. Et weed widder met Kürbisse jekoch. Wann ich för e Beispill bloß aan mi Kürbiszüppche denke, krijjen ich allt Schless.“

„Un do dann em Wingmond e Jläsje junge Wing bei: Hmmm!“, maat der Schäng un verdriehten de Auge.

„Jo, jo, do ahle Schmecklecker.“ Et Lisbett hatt do ne andere Jeschmack. „Jeneeß do dinge Wing. Ich jonn jetz ens en de Köch un stelle mer e Köppche Milch op der Ovve. Ich will mer nämlich ene leckere Kakao mache. Wann de Kakaobunn och nit unbedingk em Oktober jeerntet weed.“

Leidmödije Jedanke

Et Schmitze Lisbett hatt et Finster opjemaat för ze lüfte un loo'te versonne en dat dröve, uselije Wedder erus. „Dat ess et richtije Wedder, för de Jedanke sträuve ze loße", daach et un drihte sich noh singem Mann eröm. „Et Johr jeit op et Engk aan, Schäng. Der November zeich sich jenau esu, wie mer et vun im erwadt: ränich un köhl, evvens uselich. Hück ess allt der Nüngte un mer hatte noch keinen Daach schön Wedder. Mer künnt jlatt leidmödich wäde."

Der Schäng hovv der Kopp, laachte un saat: „Dann maach dat Finster widder zo! Et weed nämlich unjemötlich un kalt he drenne. Schleeßlich sin allt vill Lück erfrore, ävver et ess noch keiner erstunke! Un dann küss de ens bei mich, ich well der jet zeije." Derwiel kroste hä de Reklame us der Dageszeidung erus. Hä jriemelte wie hä dem Lisbett die Reklameblättcher wie Jeldsching vör zallt. „Loor ens he! Eine, zwei, drei, veer! Veer Reklameblättcher, un nit eins met enem Aanjebott, dat mer leidmödich wäde künnt. All dunn se uns op dat vörbereide, wat kütt, un wo mer uns drop freue künne, der Chressmond."

„Jo, die welle doch bloß aan uns Jroschen eraan", saat et Lisbett schnüssich. „Meer ess et ävver noch lang nit noh Weihnachte. Su flöck krijjen ich der November nit us dem Kopp. Nit bei däm Wedder!"

„Meer schingk", saat der Schäng resingneet, „do wells met Jewalt leidmödich sin."

Et Lisbett trok en Pläus. „Wa'mer üvverläht, wat dat för ene Mond ess, un wat besonders am hüggijen Daach en der Verjangenheit allein en unsem Land allt all passeet ess, dann weed et einem flöck klor, dat dä Mond jet Leidmödijes aan sich hät. Ich weiß jar nit, wat do am schlemmste wor: 1918 jov et de Novemberrevolution, die der Kaiser Wellem II. zom Avdanke jezwungen hät, un 1923 och am nüngte November wor der Hitler-Putsch en Bayern. Dä jingk zom Jlöck en de Botz un der Hitler kom en de Blech. Jo un 1938 wor am selven Datum de ‚Kristallnaach', wo se die ärm Jüdde bes op et Blot jepiesack hann. Do soll mer nit leidmödich wäde."

Der Schäng nohm et Lisbett en de Ärm. „Weiß de dann nit, dat et aan enem nüngte November och ens jet janz besonders Jots jejovven hät?. Denk doch ens draan: 1989 ess aan däm Daach de Berliner Moor jefalle. Do woodt dat durch der Kreech zerresse Deutschland endlich widder Eins. Un do wees do leidmödich? Verjess dat, wat fröher wor, un freu dich am Hück. Em Üvvrije ess der nüngte November och der Dudesdaach vun dem französische Politiker Charles de Gaulle, dä zesamme mem Adenauer su vill för de Versöhnung vun unse Länder jedonn hät. No, sin dat dann nit jenohch Jründ för sich ze freue?"

Wie, jetz allt Fastelovend?

Vör kootem soßen ens widder de Stammdeschbröder em „Hubääts Eck“ zesamme. Fröher hann se sich jo jede Woch jetroffe, hück nit mih su off. Wann se sich ävver treffe, dann jeit der Disküsch jenau esu rasant wigger wie fröher.

„Dä!“, saat der Schmitze Severin un laat singe Stammdeschbröder e Stöck Zeidung vör de Nas, „et ess noch nit ens der 11. em 11., ävver der Fastelovend ess allt e Thema. De fastelovendsfreie Zick weed immer kööter.“

„Wie? Jetz allt Fastelovend? Loß mich ens sinn.“ Et Jüngelein nohm sich dat Blättche, fing aan ze lese un jriemelte. „Die Idee vun dä Zeidunge, Privatlück en ehrem Jeheensschaaf krose ze loße un eije Fastelovendsfilme enzeschecke, för dann drei su en dolle DVDs drus ze maache, fingen ich jo usjesproche jot. Ävver se hätten met dem Bekanntjevve dat die jetz fädich sin, un dat mer se no kaufe kann, jo räuhich noch bes nöhkste Mond wade künne.“

Dem Pötze Fuss woodt et ze doll, hä wor noch nit ze Woot jekumme. „Jüngelein, do Döppe, nohm 11. em 11. hädden sich doch do kei Minsch mih de Mul drüvver zerresse. Dann jeit et doch op Chressdaach aan. Jetz, wo mer vun allein üvverhaup noch keine Fiduz op der Fasteleer hann, ess dä doch vill eher e Thema.“

Met ener jöözije Stemm leet sich der Henn höre: „Dat meinen ich och“, un der Chress bolderten loss: „Kann mich ens einer enweihe? Wo jeit et do eijentlich dröm?“

No üvvernohm, wie jewöhnlich, der Severin widder et Rejalt. „Do jeit et dröm, dat mer eines Dachs en Kölle et janze Johr Fastelovend hann. Dobei wor et doch janz fröher, wie se der Fastelovend neu orjaniseet hann, ärch wichtich, dat der Fastelovend bloß koot jefee't woodt. Sujar der Joethe hät en singem Fastelovendsrümche drop hinjewese, dat su e Drieve bloß ‚löblich' wör, wann et koot wör un met Senn."

„Dat meinen ich och", jömerten der Henn widder.

„Bess doch ens stell, Henn", schant der Fuss, „loß der Severin ens verzälle."

„Alsu", laat dä widder loss, „ich hann vör Kootem em Karnevalsmuseum en Föhrung metjemaat. Do hann se uns dat verzallt. Hück es et jo su, dat der Fasteleer am 11. em 11. aanfängk. Dann kütt ehsch ens de Advents-zick, die ess jo eijentlich bloß lästich. Noh Dreikünninge jeit et wigger un Fastelovendsdinsdaach weed der Nubbel verbrannt, dann ess et vörbei. Eja, jebacke Prumme! Mettwochs jitt et normalerwies noch et Feschesse, ävver mettwochs hät jo keiner lang Zick, mer müsse jo all arbeide. Alsu maache mer dat samsdaachs, su ha'mer noch e paar Daach. Jo un no, su hät uns dat jedenfalls der Föhrer verzallt, jitt et Lück, die noch e Sechswochenamp för der Nubbel feere."

„Dat ess jo jot un schön, wann och jet blasphemisch", ungerbroch der Chress der Severin. „Trotzdäm däte mich die Fastelovends-DVDs intresseere, un en et Karnevalsmuseum woll ich och allt immer ens jonn."

„Dann dunn dat doch", jov im der Severin dä Rot. „Et lohnt sich. Dobei kanns de deer dann die DVDs tireck vun do metbränge. Die verkaufe die nämlich och."

Met sich un singer Usföhrunge zefredde jreff der Severin noh singem Kölschjlas un schott dat leckere Jesöff jenüsslich de Drankjass erav.

Us Puute wäden Lück

Vör kootem wor et Schmitze Lisbett op der Stroß nem Päärche bejänt, die alle beids ussohche wie Paradiesvüjel. Se sohchen zwor nit jrad knüselich us, hatten ävver der Hoore en alle Klöre jefärv un ehr Kledasch wor secher us der letze Altkleidersammlung erusjetrocke.

Och et Heukelhovens Ööschel kom des Wächs. Wie ne wild jewode Steuver sprohch it et Lisbett aan: „Häs de die zwei Asis jesinn? Su e Pack! Wie ka'mer bloß esu eröm laufe? Un su jet bei uns em Veedel!"

„Kenns de die dann?", frohchten et Lisbett.

„Enä, sujet kennen ich nit. Dat will ich och jar nit. Alsu meer ess dat jo ejal, ävver do jenüch doch eine Bleck, un mer weiß, wo mer draan ess! Meer määt su flöck keiner jet vör!" Et fuchtelten dem Lisbett mem Zeijefinger vör der Nas eröm.

„Typisch Ööschel", daach et Lisbett. „Et hät sing Vörordeile, un do liet et sich och nit vun avbränge." Et versohk et trotzdäm.

„Leev Ööschel, kanns de dich noch aan die ahl Hemmersbachs entsenne, die fröher a paar Hüüser nevven üch jewonnt hät?"

„Klor dat, ävver die lo't sich doch allt lang de Radiesjer vun ungen aan." Et Ööschel kunnt sich et bess üvver sing eije Wetz ameseere, och wann se jeschmacklos wore.

„Eja, die ess dut. Ich dät der ävver trotzdäm jän verzälle, wie et der ens jejangen ess:

Eines Daachs schellten et bei ehr aan der Döör. Wie se opmaat stundt vör ehr ene Poosch vun bal zwei Meter, met Scholdere wie e Kleiderschaaf, dä ehr zoehsch ene Schreck enjagen dät. De Hoore blau un jrön jestrief, ne Ring durch de Nas, zwei aan de Ohre, zwei Knöpp aan de Leppe, un wie hä de Mul opmaat sohch se, dat'e och noch ene Knopp op der Zung hatt.

Noch ih se bejreffen hatt wä do vör ehr stundt daach se: Wie kann sich ne junge Kääl, dä su en staatse Fijor hät, esu verunstalte.

‚Tach Oma', saat dä Jung, un de Hemmersbachs woll jar nit jläuve, dat ehre Enkel Franz vör ehr stundt.

‚Och Fränzje, ich hätt dich bal nit erkannt', saat se, ‚komm eren.' Wor dat wirklich ehr Fränzje?, daach se. Dä leckere, opjeweckte Klein met dä blonde Löckelcher, die se su off jestrichelt hatt? Op dä se su stolz wor? Dä jot en der Schull un su fründlich zo ander Lück wor? Un üvverhaup, wor die Zick, en der sich die jung Lück su verschängeleere däte, nit eijentlich lang vörbei? Se wor su baff, dat se der Franz bloß kumfus aanlo'te un nix saat.

‚Oma, ich well nit lang drömeröm schwade. Ich hann ene staatse Schoss kennejeleh't, et Lisa.' Hä hollten e Foto us der Täsch. Dat Weech hätt singe Zwilling sin künne. Et hatt janau esu vill Blech em Jeseech wie der Franz un jenau esu bungkte Hoor.

‚Am Wochenengk welle meer zwei met Fründe noh Amsterdam. Do kennt et Lisa sich us, un dat well et meer zeije. Ich ben ävver pleite. Kanns de mer met nem Hunni ushelfe? Do kriss en och janz bestemmp am nöhkste Ehschte widder.'

De Hemmersbachs spo't, wie sich Angs en ehr breit maat, Angs un Wot. Amsterdam? Wor dat nit de Haupstadt vun de Droge? Am Engk määt dat Frauminsch minge Klein noch süchtich!

Se wor su falsch op dat Mädche, dat se im am leevste der Hals eröm jedrieht hädden. Ävver hange loße kunnt se ehr Fränzje doch och nit. Se nickte un maat ehr Pottemanee op.

‚Do kriss dat Jeld, ävver versprech mer, dat de kein Dommheite määs.'

‚Oma, do bess e Joldstöck' feel ehr der Franz öm der Hals. ‚Am nöhkste Ehschte brängen ich et deer widder.' Kaum usjesproche wor'e och allt widder durch de Döör.

Der nöhkste Ehschte kom un der Franz stundt widder vör der Döör – met Fründin. Beids hatten se kei Blech mih em Jeseech un de Hoor nit mih bunk. ‚He ess di Jeld, Oma! Weiß de wat, meer sin doch nit jefahre. Die, die sich Fründe jenannt hatte, wollten bloß aan de Drogen eraan. Dat ess nix för uns. Un die sujenannte Fründe och nit.'

‚Ävver Amsterdam ess trotzdäm en schön Stadt', saat et Lisa verläje.

De Hemmersbachs nohm et erleichtert en der Ärm. ‚Janz bestemmp! Un et ess schön, dat ich dich ens kenneleere!'

No bess doch ens ihrlich, Ööschel, sollt mer sich do nit leever e Stöckelche vun avschnigge als met de Vörordeile öm sich ze schmieße?"

Dat hatt jesesse. Wie et dem Ööschel sing Aat wor, maat et bloß: „Ph", drihten et sich om Avsatz eröm un leet et Lisbett ohne ei Woot stonn.

Zinter Määtensovend bei de Meiers

Et ess allt ville Johre herr, do soßen, wie su off, et Meiers Agnes un singe Cornelius, besser bekannt unger dä Name Nies un Nelles, en ehrer klein Wonnung en der Posssiedlung jemötlich om Kanapee. He wonnten se allt zick se verhierodt wore, he fohlten se sich wohl.

Hückzedachs sitz et Nies allein om Kanapee. Et ess enzwesche Wittfrau. Singe Nelles hät et verloße. Eifach su! Wann'e och kaum krank wor, hät in der Herrjott zo sich jerofe. Et Nies dräht do schwer draan. Wann et Ovend weed verkrüff et sich off jenohch en de Sofaeck un denk üvver fröher noh, üvver die schön Stunde met singem Joldstöck. Jetz, em November, daach et draan, wie im der Nelles, dä immer suvill ze verzällen hatt, jet vum Zinter Määtes verzallt hatt. Un et sohch sich widder met im zesamme setze.

De jot Stuvv wor lecker wärm jestoch, – och wann die Meiers allt lang bloß noch am Zentralheizungsknopp ze drihe broote, saaten se immmer noch se däte stoche, – alsu, et wor lecker wärm em Wonnzemmer, em Radio leef Musik för ze dräume un et Nies un der Nelles soßen beienein un verzallten sich jet. Se kome vum Hölzje op et Stöckelche, un wie et immer widder schellen dät, weil die Nohberschpuute för Zinter Määtes singe kome, blevv et nit us, dat der Zinter Määtes un sing Bräuch zom joden Engk et Haupthema vum Ovend woodte.

Längs hatten se sich draan entsennt, dat der Määtes em Johr 316 odder 317 em unjarische Deefland, noh bei der hüggije Jrenz zo Österreich jebore woodt, dat singe Vatter ne römische Ofizier wor, dä singe Son nohm Kreechsjott „Mars" benannt hatt, un dat der Määtes wal och deswäje allt met fuffzehn Johr Zaldat jewoode wor; un se sproche dovun, dat'e met achzehn en betterer Kält aan der Stadtpooz vun Amiens, wo hä stazijoneet wor, nem nackelije Beddeler bejänt ess.

Do fing et Nies meteins aan ze laache. „Weiß de Nelles, su janz jescheit muss der Määtes jo och nit jewäs sin. Do deilt dä der Mantel en der Medde, verschenk ein Hälv dem Beddeler, un dann hann se bei där Kält beids ene Jrund för ze ziddere. Un verdötsch usjesinn hann muss et och: Ne nackelije Kääl un ne Zaldat, jeder met enem halve Mantel!"

„Dat stemmp, Nies!" Bei däm Jedanke moot och der Nelles jriemele. „Un Ärjer mööt hä dann och kräjen hann, weil dä Mantel nämlich Militäreijendum wor. Ävver ich hann ens irjends jelese, dat dä Määtes doch nit esu domm wor. Su ne Mantel wor Eijendum vum Rich, weil hä bei de Uniform jehoot, ävver em Winter drohchen de Zaldate do ehr eije wärm Foder dren, un dat soll der Määtes erusjetrennt un verschenk hann. Dat wör doch en vernünneftije Lüsung, ich weiß bloß nit, ov se och stemmp.

Wat ävver janz secher stemmp, ess, dat se späder dem Määtes singe Mantel, dä se ‚Capa' nannte, wie en Reliquie en enem kleine Hüsje verwahren däte. Dat nannten se ‚Capella'. Dä Jeislije, dä drop oppassten, heeß ‚Capellanus' un dovun kumme su en Name wie ‚Kaplan' för ne Jeislije oder ‚Kapelle', för e klein Kirchje. Su hann sujar Musikjruppe, die mer ‚Kapell' nennt, weil die fröher aan su nem Oot opjetrodde sin, zo joder Letz ehre Name vum hillije Zinter Määtes.

Ävver, weiß de Nies, aansönste ess dat su en Saach met de Lejende, mer weiß nie jenau wat wohr ess un wat erfunge. Su ess dat och met dä Martinsjäns. Dic cine sage, wie der Määtes Bischoff wäde sollt un hä nit woll, hädden hä sich en enem Stall verstoche, wo in dat Jeschnatter vun dä Jäns verroden hätt. De Historiker künne do allerdings bloß möd drüvver laache un meine, dat met dä Jäns wör dovun üvverich jeblevve, dat am Määtensdaach fröher för de Boore et ahle Arbeitsjohr ze Engk jingk un en Jans domols als Paachzins bezahlt woodt. Usserdäm däten de Lück zo där Zick noch ens öntlich drenhaue bevör en aach Woche lang Faastezick aanfing. Dobei verdrunken un verkimmelten se alles, wat Keller un Köch herrjov; un met su ner fette Jans kunnt mer sich flöck su ne Reservereife öm et Büchelche aanfodere."

„Ich well der ens jet sage, Nelles", jriemelten et Nies. „Uns hät zwor keiner en Jans als Paachzins bezahlt, ich moot die för dör Jeld kaufe, un meer müsse uns och kein Reserve för en lang Faastezick aanfodere, e Büchelche ha'mer nämlich beids allt, trotzdäm loße mer uns dat Deer och dis Johr widder schmecke, su wie immer. Dat ess Tradizijon un dat bliev och esu. Ich hann för morje de Famillich un ming Fründin Klör enjelade."

Wat sähs de dann dozo?

Et schellten aan der Huusdöör. Wie et Lisbett opmaat, stundt et Heukelhovens Ööschel dovör, die Bätschmul vun Jäjenüvver. „Morje Lisbett. Nix för unjot“, saat et Ööschel, „ävver kanns de meer nit met zwei Eier ushelfe? Ich well mingem Leienad flöck ene Pannekooche backe un hann kein Eier mih. Diese Nommeddaach jonn ich enkaufe, dann kriss de se tireck widder.“

Dem Lisbett schlohch der Plaggen en. “Wat sähs de dann dozo?“ daach et bei sich. „Et Ööschel hatt sich doch noch nie jet bei meer jelihnt.“ Ävver fründlich, wie et Lisbett no ens ess, nickten et un jingk en de Köch för die Eier us dem Köhlschaaf ze holle. Et Ööschel wor derwiel hinger im her jedackelt un leet sich ohne ze froge op der nöhkste Stohl falle. Wie et su sing Aat wor kunnt et kaum aan sich halde, weil et doch widder ens su dringend jet ze verzällen hatt.

„Saach hör ens, wat sähs de dann dozo?“, laat et unjefrohch loss. „Ich hann en de Nohreechte jehoot, dat widder Dausende vun Flüchlinge och bei uns en Kölle aankumme. No ha'mer dä Kladderadatsch! Alsu meer persönlich ess dat jo ejal, ävver dat sagen ich deer: Eines Daachs ka'mer nit mih ohne Angs, dat mer üvverfalle odder bekläut weed, vör der Döör jonn. Jot, dat minge Leienad allt en Rent ess, do bruch hä winnichstens kein Angs mih ze hann, dat die im de Arbeitsstell fottnemme.“

Et Lisbett kräch bal de Bejovung. Wie kann bloß ene einzele Minsch su vill Stuss vun sich jevve? Do süht mer't widder: Wa'mer blöd ess, ess mer evvens blöd! Dat kunnt et Lisbett jo nit jot esu stonn loße. Ävver beim Ööschel ze Woot ze kumme wor en Kuns. Deswäje schnett et im eifach et Woot av.

„No maach ävver ens halvlang, leev Ööschel. Do bes doch alt jenohch för ze wesse, dat nohm Kreech, wie die ville Ossflüchlinge kome, jenau der selve Stööz vezallt woodt. Un? Ohne die Flüchlinge un ehr Wesse un Künne hädden et met Secherheit nit esu flöck et ‚Wirtschaffswunder' jejovve. Odder wat sähs de dann zo de ehschte Jassarbeider, wie schwer die et hatte, wie die aanjefeindet woodte. Un? Hückzedachs spreche denne ehr Pänz bal besser kölsch wie de uns." Et Lisbett hattt sich en Raasch jeschwadt.

„Usserdäm, wat bess do bloß för ene Chresteminsch? Jläuvs do em Ähnz, die Flüchlinge wöre jän vun derheim fottjejange. Odder ess ding Mamm, wie se noch e jung Mädche wor, jän met dinger Oma vun Kölle fott jejange, wie he de Bombe feele? Ding Oma hät sich doch, suvill ich weiß, ehsch op de Söck jemaat, wie ehre einzije Jung, dinge Onkel, noch koot vör Kreechsengk enjetrocke woodt un tireck jefallen ess. Un do? Jingks do jän vun Kölle fott, wann do he vun ener bestusste Rejierung drangsaleet wöödts un Angs öm di Levve hann mööts; womüjjelich noch irjendwo hin, wo de Minsche nit bloß anders ussinn wie do, nä, wo och keiner ding Sproch versteit un do kei Woot vun denne ehrer Sproch?"

„Dat ess doch janz jet anders", räächten sich et Ööschel op. „Ich jehöre jo schleeßlich och heherr!" saat et enjeschnapp. „Loß die doch hinjonn wo se welle. Un üvverhaup, meer persönlich ess dat jo suwiesu janz ejal!" Et drihte sich, wie immer wann et nit mih wigger woss, om Avsatz eröm un maat, dat et fottkom.

„Ööschel, ding Eier!", reef et Lisbett im noch noh, „do wolls dem Leienad doch ene Pannekooche backe!"

„Och wat!", reef et Ööschel zeröck. „Der Leienad soll sich en Botteram schmiere. Dä Pannkoche backen ich dann hück ovend!"

„Wat sähs de dann dozo?", daach et Lisbett verblöff. Kunnt et sin, dat et Ööschel dat vun vörren ernen vörjehatt hät un bloß ene Jrund sook, för singe Käu-Verzäll bei im quitt ze wäde? Odder wor im suwiesu, wie immer, alles janz ejal?

Dudesonndaach – odder Iwichkeitsdaach

Et Meiers Nies hatt sich met singer Fründin, dem Beckers Klör, jetroffe. Se wore zesamme op der Malote-Kirchhoff jejange, wie et Nies dat öfters dät, zick der Nelles it allein jeloßen hatt. Hück wor ene besondere Daach för op der Kirchhoff ze jonn, Dudesonndaach hatt sich et Klör jedaach un sing Fründin nit allein loße welle. Woss et doch, dat et Nies och noh Johre noch ärch öm der Nelles trooren dät. Weil se nit bloß dem Nelles si Jrav, sondern och noch e paar ahl Verwandte vum Klör besook hatte un en Wedder alles andere wie enladend wor, soßen se no, jeder en singe Jedanke versunke, bei ener jot Tass Kaffe em Cafè Bonnen.

Metens schlech sich e Jriemele öm dem Nies singe Mungk. „Noch e paar Däch", saat et versonne, „dann ess der uselije November och allt widder vörbei un der Chressmond bestemmp unsen Alldaach." Jetz moot et laache. „No ess et jo nit esu, wie wann et Wedder wöss, wann der ehschte Advent ess un dann zwangsläufich besser wöödt. Nä, et ess iher su, dat de Minsche der Adventszick en ander Enstellung entjäjebränge wie dem Dudemond November, un dat se och dem Petrus als Weddermächer jäjenüvver jet toleranter sin."

Et Klör fraut sich, dat sing Fründin widder fründlijere Jedanke hatt un stemmte dem Nies zo. „Irjendwie kann sich keiner dovun freispreche, dat'e sich freut, wann der November met singe stell Feer- bzw. Troordäch vörbei ess. Nemme mer för e Beispill der hüggijen Daach. Dudesonndaach! Wie sich dat allt aanhööt! Allein der Name liet einer doch leidmödich wäde. Dudesonndaach!“

„Ich weiß ävver noch vun mingem Nelles, dat mer neuerdings do jo och Iwichkeitsdaach för säht, dat klingk nit janz esu schlemm“. Wie immer, wann et Nies vun singem Nelles verzälle kunnt, woodt et no hell waach. „Dat bedück ävver et selve: Verjnöchlije Veraanstaltunge en der Öffentlichkeit – sin verbodde, Musick en unser Stammkneip – ess verbodde, laut ze laache op der Stroß – dat weiß ich nit, ävver ich dät et vörsichshalver ens nit. Mer well sich jo nit unbelieb maache.“ Mer kunnt dem Nies aansinn, dat et en Jedanke widder met singem Nelles zesamme soß un im bei einem vun singe dächlije Vördrääch zohoot.

„Ich weiß och noch vun mingem Nelles“, verzallt et no am Nelles singer Stell, „dat 1816, alsu vör rund zweihundert Johr, der Preußekünning Friedrich Wilhelm III. – hä wor ene Blaukopp – dä Daach för de evanjelische Kirch als alljemein Kirchefess zor Erennerung aan de Verstorvene bestemmp hät. Schleeßlich woll hä jo och ene Daach för et Dudejedenke hann. Su eine hatt et em evanjelische Kirchejohr bes doherr nämlich noch nit jejovven. Un ich weiß och, dat dä Daach em janze Bundesjebiet besonders jeschötz ess.“

Et Nies laat dem Klör de Hand op der Ärm. „Ävver saach ens, Klör, muss mer dann wirklich aan su nem Daach met enem jözije Jeseech erömlaufe för si Jedenke ze zeije? Ka’mer nit och met Leev un Freud em Hätze aan die verstorve Lück denke, die einem ens aan et Hätz jewaaße wore? Wann ich för e Beispill aan minge Nelles denke, dann jeit mer et Hätz op un wann ich aan ming Fründin Dröggela denke, die allt bal dressich Johr dut ess, dann krüff mer, ohne dat ich jet doför kann, e leis Laache öm minge Mungk. Nä, wat ha’mer vill metenein jelaach. Un wat hatt ich för schön Stunde mem Nelles. Et deit mer leid, ävver ich kann su ne Dudesonndaach – odder wirlich besser Iwichkeitsdaach – beim beste Welle nit als Troordaach föhle. Ben ich jetz ene schläächte Minsch?“

„Nä“, saat et Klör us dem deefste Hätzekühlche erus. „ Dat bess de nit! Em Jäjendeil, do määs et richtich. Mer soll nit troore, dat mer ne leeve Minsch verloren hät. Mer sollt sich iher freue, dat mer in jehatt hät.“

No dämVerzäll jingken die Fründinne zefredden un ärmjepack op heim aan.

Der modäne Adventskalender

Dä, de ehschte Kääz am Adventskranz hät jebrannt, un et ehschte Döörche am Adventskalender hann de Puute allt opjemaat.

Jo, ich weiß et! Et jitt och usjewaaße Käls, die dächlich e Pöözje opmaache bzw. e Päckelche uspacke welle. Ävver die sin secher nit, wie uns Quös, met enem bungkte Beldche zefredde. Do darf en dem modäne Adventskalender allt e Stöckelche Schukelad odder zwei odder drei dren sin. Aan dä besondere Däch wie Barbara, Zinter Klos un Hellije Ovend weed och e klei Jeschenkelche jän jenomme, för e Beispill e paar Söck odder en Entrettskaat för der leevste Foßballverein, der ehschte FC Kölle natörlich. Ahl Bräuch, wann se zo Selvsverständlichkeite wäde, drieven off mäncherlei Blöte. Dobei hät jrad die Saach met dem Adventskalender ens esu bescheide aanjefange.

Die Idee, dä Ströpp et Waade op et Chresskindche jet leichter ze maache, stammp vun de Blauköpp. Su nannten die ahl Kölsche de Protestante, wäjen ehre blau Uniforme. Alsu die hatte sich allt bevör et ne Adventskalender jov, em Dezember jeden Daach bes Hellije Ovend e neu Beld aan de Wand jehange. Ärm Lück däten sich domet bejnöje, veerunzwanzich Kniggestrich op en Döör ze mole. Dovun dorfen denne ehr Ströpp dann jeden Daach eine usputze. Wä kein Puute hatt, un wäm die Molerei vun dä Kniggestrech nit lohch, weil mer sich draan dreckelich maache kunnt odder wäm dat zevill Arbeit wor, dä kunnt ävver och en Adventskääz opstelle, die jeden Ovend bes aan e bestemmp Zeiche avjebrannt woodt.

Mer süht alsu, et hät alles ens janz eifach aanjefange. Dä Jedanke, us där Jewende e Jeschäff ze maache, jeit op ene jeräuchte Schwob zoröck, däm sing Mamm fröher ene Pappendeckel för der Advent jebastelt hatt, wo se för jeden Daach e selvsjebacke Plätzje dropjekläv hatt. Hä selvs nohm ävver statt der Plätzjer bunte Beldcher un leet 1908 der ehschte Adventskalender dröcke. Domols woren se noch ohne Dörre, die met Döörcher jov et ehsch zick 1920.

Dat su ne Kalender flöck en alle Famillije ze finge wor ka'mer sich jo denke. Em Krech jov et se ävver nit. Et Papier woodt knapp, un et dröcke vun bungkte Beldcher wor verbodde. Jo un nohm Krech? Do wor ich selvs ene Puut. Eimol hann ich och ens ne Adventskalender met Döörcher kräje. Dat wor der jet! Wie hückzedachs ne kleine Lottojewenn. Noh Chressdaach woodten die Döörcher widder zojemaat un dä Kalender för et nöhkste Johr verwaat. Dat wor, jläuven ich, en fröh Form vun Recycling.

Un hückzedachs? Hück drieven de Forme vun Adventskalender Blöte. Am Schönste fingen ich jo die selvjeknuvte. Ich hann ens eine bei enem Nohberschmädche vun fröher, dem Keldenichs Jrietche jesinn. Dat hatt ens, wie et fresch verhierodt wor, singem Fred eine us luuter Schwäfelsdösjer jebastelt. Do hatt et ävver keine söße Krom erenjelat. Dat wor im ze einfach, un dat wor jo och nit jesund. Nä, et hatt sich die Möh jemaat, met der Hand en fing Bochstave luuter Spröchelcher ze schrieve odder wat im an singem Fred su jefeel odder wie jän et in hatt. Un dat alles op Kölsch, domet der Fred, dä jo nit en Kölle jebore un opjewaaße wor, sich endlich ens aan et Kölsch lese jewenne kunnt. Kölsch verstonn un Kölsch drinke, dat kunnt hä allt.

An besonder Däch jov et och allt ens e Histörche:

Op Zinter Klos, vör e Beispill, hatt et Jrietche jeschrevve, dat em katollische Kölle en de Famillije der Nikelos noch bes en de Medde vum 19. Johrhundert der Einzije wor, dä en där Zick Jeschenke braat. Do hädden sich dann, wie de Preuße dat Spillche vun der Kirch trenne wollte, der Weihnachtsmann drus entweckelt. Dä rude Mantel ävver hädden hä ehsch kräje, wie hä vun Coca Cola als Reklamefijor jebruch – odder soll ich leever sage messbruch? – wooden ess.

Et jitt ävver och Adventskalender, aan die mer op Ringelcher Jeld jebungen hät un su en, die mer kaufe kann. Do sinn dann för dör Jeld hinger de Dörre die winzije Pröbche vun Kosmetika verstoche, die mer et Johr üvver beim Enkaufe ömesöns kritt.

No jehören ich zwor nit bei die Lück, die immer sage: „Fröher wor alles besser“, ävver he un do e Fitzelche winnijer üßere un doför e bessje mih ennere Wäät, su wie beim Jrietche, dat dät mer allt jefalle. Un dat jilt nit bloß för der modäne Adventskalender.

Klütte em Schohn?

Hat ehr de letzte Woch och de jot jeputzte Schohn vör de Döör jestallt? Jenauer jesaat am Ovend vör dem veete Dezember? Alsu et Schmitze Lisbett hät et jedonn un vun der hellije Barbara do ne janze Haufe söße Krom erenjelaat kräje.

Et Heukelhovens Ööschel vun jäjenüvver hät et och jedonn. It hatt sing Schon sujar kräftich jeböösch un met Spei poleet. Et hatt sich jedaach, wann et die Schohn besonders blänkich jeputz hädden, dät im de hellije Barbara do och besonders vill Leckerjots erenläje. Ija, Fleutekies! Nix wor dren! Rein jar nix!

Deef enttäusch hät et Ööschel dat singem Leienad verzallt un dismol ohne ze sage, dat im persönlich dat jo ejal wör. Nä, et wor im üvverhaup nit ejal. Deswäje hät et sich och betterlich beschwäät, dat Zint Bärb die Schohn eifach üvversinn hatt. Drop hät der Leienad, dä natörlich woss, dat hä selvs jemeint wor, jesaat, hä hätt mem Zint Bärb jesproche, un dat hädden jemeint, die Schohn wöre zwor aanständich jeputz jewäs, ävver der ungere Sollerand wör verjesse woode. Deswäje wollt et dem Ööschel eijentlich ene Klütte do eren läje.

Ävver, wie kütt mer hückzedachs aan ene Klütte. „Fröher“, su woss der Leienad ze verzälle, „jo, do woodten die zentnerwies en et Huus jebraat. Wat wor dat en Sauarbeit, die janze Klütte em Keller ze stivvele. Donoh kunnt mer sich vör sich selvs verschrecke. Mer sohch us wie der schwatze Mann persönlich. Un dann moot mer der janze Winter üvver dächlich mem Klüttenemmer en der Keller jonn un der Vörrot för der Daach eropholle.

Dat wor der villeich en Knochenarbeit! Un hück? Wä hät dann hück noch Kolle-Övvens? Un Klüttenbore? Die hann entweder all zojemaat, odder se hann sich ömjestallt un verkaufe Heizöl. Versöhk bloß ens, ene einzele Klütte ze krijje. Dat weed schwer. Wann de Pech häs, dann weiß dä Verkäufer em Baumaat, odder wo de söns froge jeis, nit ens, wat ene Klütte ess."

Et Ööschel kunnt nit verknuse, dat nix en singer Schohn jeläje hatt un jereet en Faht. „Wells do mer jetz verzälle, dat häddens de all mem Zint Bärb besproche? Jevv et zo: Do häs eifach verjesse, ens vör de Döör ze loore un jetz schwadts de dich drus un dren." Wödich schannt et wigger: „Ävver för dä Fall, dat do wirklich ens em Baumaat noh nem Klütte fröhchs un dä Verkäufer dä nit kennt: Ne Klütte ess dat, wat eruskütt, wann Rühmaterial bei der „Brikettierung", su nennt mer dat Verfahre, en en bestemmte Form jepress weed. Klütte wäden mihtstens us klein jemohle Brungkolle jemaat. Dä Name jilt immer bloß för der Brand."

Der Leienad woss jenau, wat si Ööschel för en Fääch wäde kunnt un jingk im jet öm der Baat: „Do weiß richtich jot bescheid. Wat hann ich doch för e schlau Fräuche. Jenau jenomme jitt et ävver hück doch noch Klütte. Se heißen bloß anders un hann en ander Form, de „Pellets". De Maachaat ess nämlich deselve wie bei de Klütte, se sin bloß vill kleiner un wäden nit mih nor us Kolle jepress, em Jäjendeil, mihtstens sin et Holzpellets. Die rüchen ävver leider nit esu jot wie de Klütte, doför määt mer sich do och nit dreckelich draan. Un wat et Schlemmste ess: Mer kann se am Barbaraovend nit en schlääch jeputzte Schohn läje! Schad, ne?"

Jetz maat der Leienad en lus Jeseech. „Ich well der ävver verrode, dat ich dat Leckerjots för dich jester besorch hatt. Ich hann bloß verjesse, dis Naach de hellije Barbara ze jevve un et deer en de Schohn ze läje. Nimms de et dann jetz noch aan? Dann loor ens em Krosschoss noh. Hinger de Päckelcher met de Papeertäschendöhcher hann ich et verstoche."

Der muuzije Zinter Klos

Der Zinter Klos räkelte sich jenöchlich en singem Sessel un reff sich der Schlof us de Auge. Wat wor su e Meddaachsschlöfje doch jet Schönes. Mer fohlt sich tireck besser. Och de Knoche däten einem noh su nem Nörche nit esu wih wie söns. Schleeßlich ess mer als Klös jo allt e paar hundert Jöhrcher alt un muss sich jet schone.

Jenösslich strech hä sich üvvver singe decke Buch un woll jrad noh de Engelcher rofe, dat die im jet vun dä Chressdachsplätzjer, die se am backe wore, bränge sollte. Un wann et do noch e Tässje Kaffe un e jot Zijärche bei jöv, fraut hä sich, dat et im em Himmel su jot jingk. Do feel singe Bleck op der Kalender. „Wat?" saat hä verschreck, „et ess allt widder der fünnefte Dezember?" För luuter Schreck sprung hä met Schmackes us singem Sessel huh un leet tireck ene laute Krih. „Auwih", bröllten hä, „mi Krütz! Su nen Dre..., ehhhm Mess. Wor dat allt widder nüdich?" schannt hä sich selver us. „Wat springen ich dann och op. Ich ben doch kein hundertunzwanzich mih. Nä, ich lieren et nie. Minge Körper, jo, dä ess alt, ävver der Kopp ess noch vill zo jung för aan et Alder ze denke.

Un no muss ich allt widder erav op de Äd, un dat bei dä Röggeping! Nä, do hann ich ävver jetz jar keine Fiduz för. Usserdäm soll et widderlich kalt op der Äd sin, hann ich jehoot. Do wäde mer am Engk de Häng widder klamm, ich krijjen der Fross en ming Nüggelsföß un bovvendren noch Blose aan de Föß, wann ich vun Pontius noh Pilatus talpe muss, för all dä Puute de Leckereie un de Jeschenke ze bränge. Dobei hann de mihtste vun dä Saupänz dat jar nit verdeent", brummten hä sich halvlaut en der Baat. „Woröm hann ich och bloß esu ne widderlije Berof? Hach, ich blevv am Leevste he un leet mich jet vun de Engele verwenne!" Wann im för e Beispill der ehschte Engel der Rögge un der zweite de Föß masseeren dät, un wann im donoh die zwei kleinste Engelcher jet singe Baat kraulen däte, dann woss hä janau wo hä hinjehoot un wo hä wor: Em Himmel!

Jetz fing hä laut aan ze schänge: „Jawoll. Ich jehören en der Himmel un nit op de Äd, wo all die dreckelije Bälch eröm laufe un jedes Johr jet vun meer jebraat hann welle. Ich hann es satt! Neuerdings wellen sujar die Ahle Jeschenke hann." Met einer Hand der Röckstrang jestötz, su kröchten hä no en et Nevvezemmer. Do lohchen de Jeschenke, die de Engelcher för de Ströpp op der Äd schön enjepack hatte. Hä kom jrad dozo, wie se ene besonders jroße Sack met dä Päckelcher vollstoppte.

„Maat mer der Sack bloß nit esu voll", knotterten der Zinter Klos de Engelcher verbiestert aan. „Ich hann et em Rögge un kann nit esu schwer drage."

„No bess doch nit esu muuzich, Klös! Do wees jenau esu schwer drage künne wie jedes Johr!", hoot hä hinger sich en Stemm. Der Herrjott stundt en der Döör. „Häs de verjesse, dat et ene Jrund doför jitt, woröm ich deer su ne schöne Berof jejovven hann? Do häs allt Jeschenke verdeilt, wie de noch unger de Minsche jelääv häs. Weiß de noch, wie de domols die Joldklumpe durch der Kamin jeworfen häs, för die drei Mädcher ze rette, die derohne e schlemm Levve vör sich jehatt hätte?"

Jetz kunnt mer de Bewunderung us dem Herrjott singer Stemm erushöre: „Donnerknespel dat wor der villeich ene Wurf. Tirecktemang en denne ehr Stivvele eren, die för ze drüjje am Kamin stundte. Un noch ene Jrund för dinge schöne Berof ess, dat do hückzedachs aachunzwanzich Patronate häs, weil do immer su ne jode Flöbbes wors. Un weil do och der Schutzpatron vun de Puute bess, jeis de no Johr för Johr op de Äd erunder un brängs inne aan dingem Dudesdaach Leckereie un Jeschenke. Ess et dann nit schön, wenn de Minsche aan däm Daach all met enem wärme Hätze aan dich denke un dich jän hann? Tze, tze, tze! Nikolaus, Nikolaus!" Der Herrjott schöddelten der Kopp un jingk fott.

Wann der Herrjott in Nikolaus nannt, dann wor et zappenduuster. Der Zinter Klos jrummelte vör sich hin: „Un ich hann doch ene fiese Berof!" Em Erusjonn muulten hä de Engele aan: „Saht mer bescheid, wann ehr fädich sidd", un satz sich widder en singen Sessel, för sich noch jet ze räste.

Noh nem kleine Püüsje päuzten hä dä schwere Sack op singe Rögge, trok en Pläus un maat sich op der Wääch. Ungerwächs kom hä am Fäächföör vörbei un hollten der Hans Muff av. Dä hatt sich allt et janze Johr drop jefraut, dat'e endlich widder su ne freche Krott verprinze dorf. Probewies dät hä allt ens met singer Kett rassele.

Om halve Wääch noh unge nohm der Zinter Klos si Jolde Booch zor Hand för ze loore, wo hä dann üvverall hinmoot. „Aha“, saat hä för der Hans Muff. „Jottsedank! De Meiers, de Schmitze, de Heukelhovens un de Pötze krijjen jet op de Tellere odder en de Stivvele. Dat jeit jo flöck. Hoffentlich hann die de Dürre opjeloße, söns muss ich widder durch der Kamin. Do maachen ich mich bloß widder dreckelich. Bäh! Ävver usjerechent bei de Keldenichs met ehrem freche Niklas muss ich persönlich hin“, kühmten hä wigger. „Dä hät mich allt em letzte Johr suvill Nerve jekoss. Un sujet drāht minge Name! Un dann wonnen die och noch op der veeten Etahsch ohne Aufzoch. Do müsse mer die huh Trappen erop. Nä, met hät der jet aan de Jäng! Mer dunn jetz allt de Föß wih. Ich jläuve“, brummten hä un worf dem Hans Muff ene muuzije Bleck zo, „dat Trüppche steche mer dis Johr ens en der Sack.“ „Brrr“, maat dä un rasselte widder met der Kett. Schwer hinger Odem komen se om veete Stock aan.

Do soß die janze Keldenichs Schwitt em jode Zemmer un sung: „Nikolaus komm in unser Haus!“ Dat jefeel dem Klös jot. „Eijentlich schön“, daach hä. Wie hä ävver der Niklas sohch, wor'e tireck widder schlääch jesennt. „Do bess de jo, do klein Rotznas. Dingetwäje moot ich veer Trappe eropklabastere.“ Jetz woodt'e amplich: „Has du mir nit vorrich Jahr versproche immer brav ze sein? Un jetz les ich in meinem Jolde Buch, dat do so viel wölle Wööt jebrauchs. Schammps du dich nich? Ich jlaub, der Hans Muff sollt dich emal öntlich verkamesölen odder tireck in der Sack stoppen.“

Dat Pööschje woodt immer kleiner wie der Hans Muff met enem laute „Brrr“ un nem Ketterassele op in aan kom. En däm Momang woodt dem Zinter Klos klor, dat hä dobei wohr, sing schlääachte Laune aan däm kleine Krott uszeloße. Jrad woll hä der Hans Muff zeröcktrecke, do hatt sich och allt dat dreijöhrije Evje vör singe Broder jestallt.

„Nit tun!“, saat et, „der Niklas is lieb. Der spielt immer mit mir.“ Jetz kroff et dem Klös op der Schuß un spillte met singem Baat. „Un ich kann auch e

Jedich.“ Der Klös wor esu jeröh’t wie hä en die jroße blau Äujelche sohch, dat et im vun ungen erop, vun der Zihe bes en de Hoorspetze wärm woodt.

„Hans Muff“, meinten hä no, „loß der Niklas för dis Johr noch ens en Rauh“, un för dä Fant saat hä: „Abber die wölle Wööt läss de sein. Eijentlich biss de doch jar nit esu frech. Un mer kann sich doch auch anders ausdröcke. Du biss doch ene schlaue Jung.“ Dä nickte heftich: „Ija, Nikelaus!“

Wie et Evje no si Rümche vördrage dät un met „liebe, jute Nikelaus“‘ aanfing, woodt et dem Klös allt widder wärm un jet eijenadich. Sing Muuzichkeit wor op eimol wie fottjeblose un sing Auge woodten feuch. En einzel Trönche leef im en der Baat. „Nä“, daach hä, „hann ich nit der schönste Berof vun der Welt? Kinder sin doch et bess, wat der Herrjott je jemaat hät!“ En singem Ennerste woss hä, dat’e sich, ovschüns hä singen Rundjang för dis Johr noch jar nit ze Engk jebraat hatt, jetz allt drop freuen dät, em nöhkste Johr widder op de Äd eravkumme ze dörfe, för Puute ze beschenke.

Kölsche loße keiner em Ress

Entsennt ehr üch aan der Hilarius Jöckmichnit us unsem Veedel? Ich meinen dä, dä su jän met der Stroßebahn fäht. KLor! Su eine ka'mer jo nit verjesse. Hä ess met sich un der Welt zefredde, weil'e evvens zefredde sin well. Wie mer allt wesse jöck et in kei bessje, wann ander Lück Leid hann, wann einer kein Arbeit hät odder wann en ahl Wittfrau met veerhundert Euro Rent uskumme muss! Hä hät si jesechert Enkumme. Im jeit et jot. Hä ess secher, dat jeder dat kritt, wat'e verdeent! Un hä hät vill verdeent.

Der Hilarius Jöckmichnit ess keine schlääächte Kääl, enä. En der Stroßebahn för e Beispill dät'e sujar tireck opstonn, wann in en alt Fräuche frogen dät. Ävver zom Jlöck fröhch jo mihtstens keiner, un woröm soll'e vun allein opstonn? Hä hät schleeßlich jenau esu bezahlt wie ander Lück.

Neulich trof ich in en der Linnie achzehn. Ich wor en der Stadt jewäs för Chressdaachsenkäuf ze maache. Wie ich aan dä ville Lück, met Pakette un Pakettcher belade sohch, wor ich nit de Einzije. Der Hilarius Jöckmichnit hatt bloß e klei Päckelche en der Hand, wie hä en de Bahn erenkom. Met enem jeftije Bleck leef hä schnurstracks op ene Jung zo, dä op enem Einzelplatz soß. Su kenne mer in, der Hilarius. Noch ih hä ävver jet sage kunnt, stundt dä Jung op un dät im sing Plaaz aanbeede. Hä satz sich.

Koot drop kom en äldere Frau un lo'te sich verzwiefelt noh nem Setzplatz öm. Wie mer jot sinn kunnt jingk et ehr wal nit jot. Ich wör jo opjestande, ävver ich stundt allt. Der Hilarius Jöckmichnit heelt sich stekum stief. Hä hatt sing Nas en de Zeidung jestoche un dät esu, wie wann hä nix metkräch. Ich kunnt sinn, dat op singer Zeidungssick jrad en decke Lettere stundt:

‚Kölsche loßen keiner allein!' No jo, allein wor die Frau jo och nit. De Bahn wor voll.

Jester hann ich in widder jetroffe. Em Supermaat stundt hä hinger meer aan der Kass. Vör meer stundt dä ahle Lommers Vitus. Beim Opläje vun singer War op et Band maat dä en unjescheckte Bewäjung, en Fläsch feel öm un ress beim Falle noch ander Atickel, die der Lommer jekauf hatt, met erav. Em Nu hockten ich am Boddem, för dem ahle Mann beim Ophevve ze helfe. Un wat maat unse Jöckmichnit? Met enem jroße Schrett steichten hä üvver uns fott un saat för de Kassiererin: „Bes die fädich sin, do't et jo noch jet. Do künnt ehr mich jo allt ens avkasseere."

Et sin jo off die Kleinichkeite em Levve, die einer et mihts ärjere. Off jenoch ävver verjiss mer och, ens üvver sich selvs nohzedenke. Denn, sidd doch ens ihrlich, stich nit in jedem vun uns och su e janz klei Fitzje vum Hilarius Jöckmichnit?

Su kann et jonn – E Chressdaachsmärche

Et wor unjewöhnlich fröh kalt jewoode en däm Johr. Allt em November hatt et der ehschte Fross jejovve, un Aanfang Dezember blev der ehschte Schnei tireck lijje. Üvverall sohch mer de Minsche jot enjepack durch de Stroße hetze un jage, de Scholdere huhjetrocke, met Mötze, Schals un leddere odder wölle Händsche. Mänch Fräuche hatt sing Häng deef en enem Muff verjrave. Der Radau vum Verkehr woodt vun der Schneideck jet verschleck. En ener Siggestroß däten de Puute en Iesbahn schlonn. Se juuzten un krakeelten esu jlöcklich, dat et de Passante e Jriemele öm der Mungk zaubere kunnt. Chressdaachszick!

Su wös wie et och en der Stadt zojingk, su voller Fredde wor et em Bösch. Wa'mer do su durch sträuvte kunnt mer usser dem Knirsche vum Schnei unger de Schohn un dem einzele Kraache vun lijje jeblevve Äss nix höre. Jedenfalls nit, wa'mer de Baumsproch nit versteit un, wie der Baas vun der Schonung, ne Rundjang määt, för ze loore wie die Bäum jerode wore, die no avjehaue un als Chressbäum verkauf wäde sollte. Hingen em Bösch stundten e paar stramm Tannebäum, jroß un jot jewaaße met jrade Äss, wie jemolt. Nevven enem besonders schöne stundt ävver och ei Bäumche, wat nit rääch waaße woll. Im dät eine Ass fähle, un et wor kromm un scheif un jet koot jerode.

„Do kütt'e, pass op, hä kütt tireck op mich aan!", fispelten die schön jewaaße Nordmanntann stolz der Kleine nevven ehr en et Jeäss. „Ich wedde met deer, hä pack mich aan. Secher strechelt hä üvver ming Zwijje un ess stolz op mich. Hach, ich ben ävver och en selde Schönheit!"

Bedröv saat dat aanjesproche Nohberbäumche: „Mich weed hä secher nit aanlore, ich ben jo nit esu jroß wie do. Ävver ming Nodele hann e saftich Jrön", worf et batzich en.

„Ph!", maat die Schönheit, „wat wells do dann, do kromme Zebedeies. Do bess doch schäbbich, e richtich Föttche aan der Äd bess de, ene Mölmpupper! Loor mich aan! Su muss ene Chressbaum ussinn, dä vun fing Lück jekauf weed, un dä se met rude, jolde un selvere Kugele behange. Ich kumme bestemmp bei janz jesalvte Lück en e besonders jroß Zemmer."

Noch ih die stolze Tann en Antwoot krijje kunnt wor der Baas bei ehr un strech ehr üvver de Zwijje. Jenöhchlich dät se sich unger singer Häng räkele, un weil se kitzelich wor dät se sich och ens schöddele. Höösch riselten ehr der Schnei vun de Zwijje vör de Föß. Se jubeleete: „Huch – wat deit dat jot! Hach, ich hann et ävver och verdeent." Der Baas, dä de Baumsproch jo nit verstundt, saat för sich: „Dat ess wal der Schönste dis Johr", strech och däm kromme Bäumche ens üvver de Zwijje un meinte bloß: „No jo". Dann jingk'e wigger.

„Häss de jesinn? Hä hät mich jefeukelt, bloß mich. Dä Mann hät Jeschmack!" saat die Nordmann un loo'te metleidich op dä kleine Kromm. „En de nöhkste Dach wäden se wal kumme, för Chressbäum ze schlage."

Der kleine Kromm wor immer noch bedröv. „Ov dat wih deit?", frohchten hä die stolze Tann.

„För dich, met dingem dönne Stämmche, weed et allt nit esu schlemm wäde. Bei meer ess dat jet anders. Bei mingem statse Stamm müssen se allt e paarmol zoschlage. Hm, ävver su ess et evvens: Wä schön sin well muss ligge!"

E paar Dach späder fungen se sich met ener Häd ander Bäum bei Apostele om Maat widder. Natörlich stundten de schönste Bäum janz vörrenaan. Vill Lück kome, för sich e Chressbäumche ze kaufe. Et wor klor, dat die zoehsch ens noh dä schönste looren däte. Koot hinger der stolze Tann stundt och dä kleine Kromm; dat heiß, hä stundt nit, hä lohch mih. Hä wor nit för Aanzeloore zerääch jestallt, nä eifach jäjen ander Bäum jelähnt. Su kom et, dat im kaum ei Minsch ene Bleck jünnte.

Dat fraut natörlich die huhpöözije Nordmann. „He, Kromm", fispelten se noh hinge, „häs de jesinn, wievill Lück mich allt verlieb aanjeloo't hann? Ich ben jo he och der schönste Baum, ene richtije Bleckfang! Kei Wunder, dat dich keiner besüht. Bei deer erkennt mer doch allt vun wiggem wat do för e kromm jeschesse Frogezeiche bess!“

E Päärche, wat noh Jeld wie Heu ussohch, kom vörbei un blev bei ehr stonn. „Loor ens Männi, dat wör der richtije Baum för uns“, saat dat Mädche för singe Jung, „Hä ess zwor der döörste, ävver meer künnen uns dä doch leiste. Loor ens, jenau esu, wie ich mer ne Chressbaum vörstelle, eifach schön: jrad jewaaße, deech em Jeäss un sattjrön.“

„Eja“, saat der Jung drüch, „ävver och sattdöör un vill zo huh. Wa'mer däm no de Spetz avschnigge, ess sing Schönheit futü!“ Se jingke wigger.

„Ph!“, maat die stolze Tann, „wann ehr su en klein Wonnung hatt, well ich och jar nit bei üch!“

Jäje Ovend kom der Schmitze Papp met der Mamm, singe drei Puute un dem Möpp, för sich e Bäumche uszesöhke. Der Möpp fohlt sich stantepee en der Wald versatz un sträuvte zwesche sämplije Bäum eröm. De Puute blevve tireck vör der schöne, jroße Nordmann stonn. „Zo döör!“, saat der Vatter Schmitz bloß un hatt och allt dä kleine Kromm erusjetrocke. „Seht ens he! Dä wör jet för uns. Dat Loch kütt aan de Wand un wann'e nit jrad steit, weed'e evvens fassjemaat. Doför ess'e ävver bellich un hät saftich jrön Nodele!“

„Un meer dörfe schmöcke!“, reefen de Pänz öpjeräch.

Dat Bäumche schmeechte sich jlöcklich dem Papp en de Ärm. Et Chressfess met Puute ze feere, dat wor mih wie et erwahdt hatt. Et worf der Nordmann ene Bleck voll Schadefreud zo un saat vörwetzich: „Sühs de, jetz ben ich noch vör deer fott! Do met dingem Futz em Kopp bess doch bloß en huhpöözisch Preziösje.“

„Ph!“, maat die widder, „die Lück hann evvens keine Jeschmack!“ Em Fottjonn reef de Schmitze Mamm nohm Möpp. Dä kom us dem Jestrüpp jelaufe, blev zoehsch noch ens bei der jroße Tann stonn un loo'te huh. „Do häs winnichstens Ahnung“, dät die in lovve un laachte in leev aan. „Sujar do weiß, wat Schönheit ess!“

Ävver der Möpp verstundt de Baumsproch och nit, un su maat hä bloß „Wuff“, hovv et Bein un pinkelte ehr jenossvoll jäjen die schöne, jroße, jrad jewaaße, deechte un sattjröne Zwijje. Dä!

Selde Wööt, müngchesmoß jemaat

Angenies (en hellije Fott)	frömmelnde, meist ältere Frau
Baas	Chef
Bäätes	Hubert
bälke	lauthals weinen
Bätschmul	Schwätzer
Babaditzje	Säugling
Bejovung (de ... krijje)	einen Anfall von Ohnmacht bekommen
Beldere	Ober- und Unterkiefer
Beschot	Muskat
Blaukopp	Protestant
Blech	Gefängnis
bletzich	aufbrausend
Bräng	Bedrängnis
Bunnerohm	Bohnenstange
Buselche	kleines pausbäckiges Kind
Dei	Theo
Döppe	Keramikgefäß; Dummkopf
Döres	Theodor
Drev	Antrieb
dröcklich	treuherzig, unbedarft
Faas	Fastenzeit
Fant	Bursche, Kerl
Fazung	Fasson, Haltung
Ferkeskopp	Schweinskopf
feukele	hätscheln, herzen, liebkosen
Fiduuz	Lust
fies	unangenehm
Fisternöll	Liebschaft
Fitzje	Kleinigkeit
Flabbes (ne ... sin)	nicht ganz gescheit sein
Flöbbes	gutmütiger, einfacher Mensch
fluppe	leicht gelingen
Frese	abscheulicher Mensch
frößele	hantieren, fuhrwerken

fukakich	verfault
Heez	Hirsch
huhpöözich	hochnäsig
Huppet	Hubert
de jäl Färv krijje	sich ekeln
ze Jang sin	beschäftigt sein
aan de Jäng	viel zu tun
Jenöchde	Wohlbefinden
jesalv	gesalbt, reich
Jewatt (en et ...kumme)	in Gang kommen
Jiefer	unbändiger Appetit, Geifer
jömere	jammern
jööze	weinerlich reden
jriemele	lächeln
jries	grau, auch weißblond
Juch (en de ... schlage)	vertreiben
kaaschte	aus der Erde kratzen
Kadangks	Furcht, Respekt
Kalverei	Unfug
karesseere	freien
Käuverzäll	unsinniges Geschwätz
Kaufes	Kaufhaus
klabastere	sich schwer tun
Klör (geschl. ö)	Farbe
Klör (offenes ö)	Klara
Knies	Zank, Streit
Kniesbüggel	Geizhals
kniestich	geizig
Kniggestrich	Kreidestrich
Knochejerämsch	Knochengerüst
Knuuzenbüggel	sinnbildlich: hässlicher Mensch
Köttel	Knirps, kleines Kind
Krätzje	Schwank, Schnurre
kriesche	(eig. Kreischen), weinen
ahl Krönzel	hutzeliges altes Weib
Krohleauch	Krähenauge
Krömche	kleiner (Kram)-Laden
Krott	kleiner Knirps
Kruff eren (ne ... hann)	sehr enges Nachbarschaftsverhältnis
Lappekess	(eig. Lappenkiste), Bett

Leienad	Leonhard
lus	schelmisch, listig
Luuschhöönche	heimlicher Zuhörer
Luschoa	Freund, Schatz
Manes	Hermann
Marmott	Murmeltier
metens	plötzlich, auf einmal
Mölmpupper	sehr klein gewachsener Mensch
Müngchesmoß	mundgerecht
nitsch	ungehalten, hier: neidisch
nöttele	meckern
Ömmere	Murmeln
Ööschel	Ursula
paftich Lambäätes	Schallwort
Pannestätzje	kleinstes Kind
Pläus	Schmollmund, dicke Lippen
em drette Plöck	im vorgerückten Alter
der Plaggen schlohch en	war bestürzt
Poppeditzje	kleines Kind
Preziösje	anspruchsvolles, eitles Wesen
Pritsch	hier: eingebildete Person
pröttel e	nörgeln
Pürk	Perücke, Haarschopf
Puut	Kind
Puutejesöms	Schar ungezogener Kinder
Quante	lebhafte, lästige Kinder
Quallmann	Pellkartoffel
quitt wäde	verlustig werden
Quös	Kinder
Ress (em ... loße)	im Stich lassen
Röggelcher, (de ... wärm hann)	betrunken sein
Rümche	Reim, Gedicht
Schaaf	Schrank
Schäng	Johann
Schess	übermäßige Angst
Schless	großer Hunger
Schlotter	läppischer Mensch
schnabuleere	genussvoll speisen
Schnorkse	geräuschvoll atmen, schnarchen
Schofsjeseech	dümmlich dreinblickende Person

Schoss	Schublade
Schruut	Truthenne, Puter
Seiverschnüss	Schwätzer, unermüdlicher Plauderer
sich enen Däu aandunn	affektiert auftreten
vun de Söck	verblüfft
Sprijitzje	Albernheit
Stäänekarrier (em)	in Windeseile
Strang	Achtung, Respekt
Stööz	Blödsinn
Strunzbüggel	Angeber
strunze	angeben
Spei	Speichel
Tappes	tölpelhafte Person
Tralljepääd	(eig. reich verzierter Treppengeländerkopf), aufgetakelte Person
unjeschuv	grob unhöflich, unverschämt
useneinpusementeere	genauestens erklären
verkasematuckele	erklären, auch aufessen
verschängeleere	verunstalten
Wuppdich	Ruck
zaue (sich)	beeilen
Zebedeies	schwächliche Person
Züff, Zuffei	Sophia

Ebenfalls im Programm des Regionalia Verlages:

Aus dem Sprachschatz von Tünnes und Schäl

Katharina Petzoldt

En klein Kölsch-Lektion

Wat versteit mer unger nem Quatschkaastemännche? *Dat Woot müsse mer opdeile. Zoehsch ens Quatsch. „Verzäll nit esu ne Quatsch (Unsinn)!" Quatsch kann och Matsch (breiige Schlammmasse) bedügge. „Do ben ich met beidse Föß durch de Sot (Gosse) jequatsch." He ess ävver ne Quatschverzäll (Geschwätz) gemeint. „Dä Quatschkopp (Schwätzer) hät mer widder e Ohr avjequatsch. Dä Quatschverzäll ka'mer sich nit lang aanhöre!" Jetz dat Woot Kaastemännche. E Kaastemännche wor fröher ...*

Diese tolle Buch vereint zum ersten Mal die Artikel der Autorin in der Rubrik „En klein Kölsch-Lektion", die seit sechs Jahren Woche für Woche im Kölner Wochenspiegel erscheinen. Hier erklärt die Kölsch-Expertin Begriffe aus dem Sprachschatz von Tünnes und Schäl. Eine wunderbare Sammlung!

Katharina Petzoldt, geboren in Köln, wuchs im Zollstocker Milieu auf. Die kölsche Sprache lernte sie in den Nachkriegsjahren auf der Straße und in der Familie. Seit 1990 ist sie Seminarleiterin an der Akademie för uns kölsche Sproch und Mitwirkende im „Mittwochskreis", dem Arbeitskreis der Kölner Mundartautoren im Heimatverein Alt-Köln.

128 Seiten
Hardcover
Format 16,5 x 19,8 cm

ISBN 978-3-95540-241-9
Preis € 4,95